沒有教科書

給孩子無限可能的澳洲教育

▶ 李曉雯 Sharon Lee

推薦序　每個都是人才

游乾桂

當我的腦海之中，還在芬蘭與德國的曼妙教育打轉盤旋時，突如其來降臨一本《給孩子無限可能的澳洲教育》，真是驚訝莫名，幾乎每一頁，每一個重點，全都擊中我的心坎，發出贊嘆聲，它不僅是我夢寐以求的教颯月哲思，更令人難以置信的是，何以在遠方一個遙遠的地帶，有一種想法與我的中心思想如此接近，猜想這正是**木馬出版社**的編輯，找我替這一本書為文作序的原因吧。

作者在書中說，澳洲是一個人盡其才的國度！

這點就不禁令我這位從事教育理論推廣多年的人眼睛雪亮，這是教育的初心，不可辯駁的真理，但別人做到了，我們卻一直做不到；嚴格說來，教育的實踐並不太難，只要把人放到**對的位置**就行了，如同禪宗所言，魚在水中，鳥在青天，可是何以我們偏偏使魚在天空，鳥在水中？

我在精神病院服務多年，看見的得病者盡是這樣的例子，而非資質不好，成績不夠，分數不佳……真實的原因是龍困淺灘。

心理治療多年，第一位潛進我腦海中的病人是一位高材生，台大醫科畢業之後，未當過一天醫生，卻當了十多年的病人，他喜歡音樂，卻與之擦身而過，他很怕紅色的血，卻在不得不的情況下成了醫生，這種撞擊可想而知，可是他的家人不知，總言之，他受迫性的前往他人以為好的地方，可是未去對的領空，這麼一來，就無法人盡其才了。他傷感的告訴過我，如果當初是學音樂，一定不會是病人，當下我的淚在眼眶中不停的打轉，婆娑漫漶。

這些年來，我風塵僕僕四處講演，所想傳遞的理念之一就是作者所思的，每個人都是人才，舉頭都有一片天，只要適才適所，順性開發，人人都將成為高人，不可多得的人才。

我曾反躬自省兩件事，其一是，我被眾人定位為專家，但真的樣樣皆行，非常厲害嗎？可惜答案是否定的，我自知甚明，大約只有專業堪稱一流，很多才華根本是二流、三流、九流，或者不入流的，所謂的專家，只是在一個小小的領空中的領航員，離開這個領域，就不值得一提了，看來專家並未如我們想像的獨霸全球，樣樣精通。

其二是，我與兒女相比未必優劣立見，隨著他們成長，很多事情我已慢慢不如之了，隨著年紀的軸線游移，我贏的將越來越少，輸的將日益增多，如果他們贏我的，再給之十年，是否也是專家？

兩個小孩皆是我生的，按理論，基因無異，可是卻有著大大的差異，兒子天生運動健將，女兒文藝青年。

人人本來就不一樣，不要奢求一樣，讓他們各在自己的領空中飛翔才是上上之策。

教育即生活，是作者另一個感動我心的想法，這則理念，盧梭想過，杜威說過，我們聽過，按理說，並不太難，可是知易行難，沒有多少人可以實踐，最後教育是教育，生活歸生活，並未交集，於是我們會在數學題目中看見小華到水果店採買，李子四分之一斤，桃子五分之四斤，蓮霧三分之二斤，共幾斤？幾元？

或者小明，往前一百公尺，往左六十公尺，再往下去上學。

孩子問過我，他們瘋了嗎？

教育如果不是生活，所學之術就未必可以提取來用，這樣的教育將使人苦惱萬分，甚至充滿挫折，我們花了太多時間在學習，但卻沒有**學到怎麼學**，學習一事變成很不快樂，甚至少了成就感。

我的教育一直很像生活，我未敢告訴讀者從不在意成績，但一生本是一種得失，太在乎成績，便缺乏**本事**了，它是經驗與閱歷的累積，統稱智慧，這些本事藏在大自然之中，怪不得有哲學家相信，人生有兩本大書不得不讀，一是自己，二是大自然。

盧梭說過大自然是最好的老師，我的人生經驗使我深信不疑這樣的論述，我在大肌理中得到的知識遠遠勝過課本給我的，學校中頂多學到了常識，而在山河之下我看見義理，有所領略，甚至開悟，這個理解我也用之孩子身上，領著他們一起爬山、溯溪、泡溫泉、打球與浮潛，他們在大自然之中表現卓越，很有見地，有了自己一套經驗值所累積的評斷方式，屬於他們自己的，如此一來，我就不想搭理學校的分數了，他們該得到的人生哲學早透過大地教之了。

有一回，我與友人攀登皇帝殿，兒子同行，友人告之，它曾經是海，證據就在石頭上，兒子果真找著，那些珊瑚石分明來自海洋，而其上鑲嵌的貝殼就是明證，他欣喜若狂的把它寫成一篇文章，叫做〈皇帝殿上的哲學〉，我想一個高中生可以寫出這樣的考據文章，理應無人可以說他是不行了。

兒子的閱讀正巧與人相反，他是從大自然的應證回歸書本尋求答案，而我們的教育卻一直教孩子耽溺在書本之中，最後罹患《**閱讀的厭食症**》。

教育在我看來是一種圓夢的歷程，只要能達彼岸，何妨殊途同歸？

我們都是凡人，並非超人，不要奢望出凡入聖，而是演活自己。如果一個人可以把自己演出鮮活，應該會很絕色的，這樣的人全是頂尖者。很開心有人想到這些，並且寫了出來，並且請我寫序，我樂於借由這本好書與眾人分享優質的教育觀點，但盼每個人因而都能回歸學習最基本的感動，好奇、探索、開心、快樂，充滿創意。

推薦序　澳洲教育

周祝瑛（國立政治大學教育系教授）

今年五月，國中基測的當日報紙，頭版刊出一名美國十三歲少年登上珠穆朗瑪峰的消息。照片中，少年燦爛的笑容，對照同時間國內卅萬名國三考生在基測中的緊張情景，分外令人印象深刻。在國內，現階段升學考試與缺乏彈性的入學制度下，有哪些家長與學校，能夠帶著孩子接受這一連串嚴酷的體能訓練？不必登聖母峰，連登東北亞第一高峰玉山主峰的國內學生都不多見。還有環繞台灣四周那一千兩百多公里的海岸線與海洋，有多少學生曾經去親近過？相較於課後補習的經驗，則答案恰恰相反！畢竟「親山近水」與考試無關，而補習家教可以考取好高中、好大學！

結果，全民付出的代價：中小學生睡眠不足、體能欠佳、近視率攀升、體重增加、普遍缺乏閱讀課外讀物及生活體驗的機會，學習流於抽象、背誦，學生缺乏對知識的熱情與探究的興趣，在課堂上不會發問，單向接受老師的講授幾乎是常態。換言之，台灣的教育可以培養出考試很厲害的學生，但年級愈高，學習興趣愈低。

另一方面，隨著資訊網路的快速進展，科技產品與相關服務將變得更便宜、更強大與更隨手可得，甚至將來許多問題都可能透過網路的使用而獲得解決。隨之而來的，是當前的學校系統將發生重大變化，例如：

(1) 未來的職業和工作場所將大大不同於今日，工作不再只是為了賺錢維生，而是為了實現個人的成就感。教育技術資源變得如此便宜之後，每個人都將有機會獲得，**科技將在更多的教室中發揮日益重要的作用**，但問題是如何去學習善加利用科技的能力。

(2) 學生整天待在教室中聽教師講課的情形，已不再是主要的學習方式。

(3) 遠距教育將變得更為普遍，可以隨時配合各科老師與學生的需要。

(4) 各行業將需要各種具有創新能力、懂得思考判斷和擁有熱情的個人。

(5) 教育會朝向客制化成(customized)方向，不強迫每個學生學習同樣的內容與進度。

(6) 現有的實體課堂將逐步被虛擬教室所取代，今日所有學生在課堂中如同大規模生產過程似的學習方式將不再存在。

拜讀了《沒有教科書：給孩子無限可能的澳洲教育》一書後引起本人許多的共鳴，無論是**書中的教育理念、學校中教學與課程的設計、甚至教師與家長的觀念，都值得國內對照與反思。**本書更令我想起幾年前筆者《愛在紐西蘭》的拙作，也勾起我當年在紐西蘭從事實地研究的經驗，尤其紐西蘭校長那一席話：

「因為能力分組，老師才有機會見到學生不同學習的能力，而能鑑別孩子們的學習成效。在非常自然的情況下，透過不同的評量去分辨孩子的多元智能。如果孩子們每天都快快樂樂的來上學，老師就比較能夠「因材施教」。」

當我們看著國內孩子每天忙著上學、寫功課、應付考試的時候，澳、紐中小學生每天九點上學，兩 三點放學。當我們經常在國際競賽中與他國一爭高下時，有沒有想到過成績高到底代表什麼意義？我們付出了什麼代價？從這本書中所流露出的教育哲學：上學只是孩子生命中的一部份，孩子的「社交生活」、「生活作息」、「運動時間」和「快樂健康」才是重點！這麼質樸與單純的教育理念，如何才能在台灣落實呢？！

作者序《1》

* Sharon Lee 許雲傑 譯

在澳洲求學、任教十餘年，我的第二語言(英語)取代母語，成為主要的使用語言，這種情形，在語言學上，我們稱作Language Shift(語言轉變)。

造成這樣子的情形，一方面是因為我在一個相當好的寄宿家庭裏住宿了長達十五年的時間，另一方面是因為我的工作背景，作為一個澳洲當地的老師，需要相當字正腔圓的英語能力。

因此，這本書的撰寫，主要是由我以英語口述，再由先生以中文記錄並即時翻譯下來，偶爾遇到連他也聽不懂的教學名詞，再由我試著以中文解釋，或到網路上查詢適合的翻譯。

許多人常常認為我在澳洲是教中文，或是擔任ESL(English as a Second Language)老師，這其實是一個誤解。我在澳洲，是用英語教學，教學的對象是當地的澳洲人。當然，這樣子的誤解，可能跟我一直頂著一頭黑髮從事教學有關。

不管如何，不論是在澳洲任教，或是在台灣擔任外籍英語老師，我一直會鼓勵我的學生，學習英語，主要是在使用英語，要能跟生活中的各種事物相結合，而不只是單純的應付考試，也不要盲目信任坊間許多速成的方法，或是迷信許多金髮碧眼的外籍老師。

因為我始終認為，**再偉大的成就，都是奠基於正確的方法上，累積於反復的練**

習中。同時，我想用我的故事，告訴我曾在台灣所教過的孩子們的家長，再好的語言能力，也絕對是來自於生活中反覆的使用。最好的學習，是來自於生活中各種習慣的積累，是沒有辦法速成的。同時，**天底下只有難教的小孩，但絕不會有教不會的孩子，耐心的陪伴、傾聽、與引導，在生活中協助孩子們發掘出他們的興趣，才是最好的教育。**

因此，我和先生傑若米合作，寫出這本有關澳洲教育的書。

教育，是一個非常廣義的名詞。對我來說，教育與學習，不僅僅只侷限於學校單位裡教師對學生的傳道、授業、及解惑，而是涵括了從我們從出生到老年，所有生活中的點點滴滴。

國家推行新的政策，需要教育民眾接受新觀念，是教育；公司行號引進人才，需要教育新進的員工，是教育；青年結婚生子，要適應生活的改變，需要被教育；壯年立業，要了解社會脈動與科技變遷，需要被教育；老來體力微衰，兒女成群，要適應退休的生活，一樣需要被教育。教育與學習，本應就是與生活完全密不可分的關係。

澳洲的教育，也許不是世界上最好的教育，但卻在教育與生活上的結合，作了一個相當好的註解。

我常常告訴我的家長們，澳洲人，和你我沒有什麼不同，擁有基本人性中的各種面向，以及聰明、狡詐、溫柔、易怒、正直、良善、自私等等人性中各種正反不同的特質。

但我認為，澳洲社會與亞洲社會最大的不同，是在於澳洲的教育體制。澳洲的教育體制，巧妙的與各種社會制度結合，自然的融入人民的生活中，真正對澳洲人民做出「潛移默化」的效果。在澳洲社會裡，許多良善的特質，我個人認為，其實是政府、學校、整體社會，這三方，對人民成功教育的結果。

因此，這一本書的內容，雖然是以幼稚園、中小學、職業教育、以及高等教育等等學校教育為主體，但書寫的內容，除了學校教育以外，還提及了不少關於社會福利、國家政策、人事制度、以及社會上的種種制度與面向。因為，對於我，或是對於澳洲人來說，教育，真的是與生活密不可分。

在撰寫本書的同時，我一直提醒我自己，不要因為個人教學上累積的不愉快或疲憊，而影響自己對於澳洲教育的觀感。畢竟，身為一個教育者，對自己身處國家的教育環境，一定會有許多怨言極不滿意。但是，我也不斷提醒自己與先生，也不要過份誇大了澳洲教育的「好」，而讓讀者有錯誤的印象。

感謝體貼的先生，在工作繁忙之餘，能抽空與我共同完成本書。同時，感謝木馬文化的編輯欣蓉，在本書的撰寫過程中，不斷給予我們鼓勵與指導，讓我們這兩位不是專職文字工作者的人，也能順利的完成此書。

最後，更感謝你來閱讀這本書。

作者序《2》

*許雲傑

二〇〇六年，我與太太 Sharon 結婚，她辭掉澳洲的工作與我返台，開始了許多教學與語言上的挑戰。

首先是很難找到適合的工作，那個時候，頂著一頭黑髮的她，完全無法說服坊間補習班，她是一個合格的外籍老師，還同時擁有幼稚園、小學、與語言教師的教師證。那時候我們才驚訝的發現，原來很多坊間補習班，在任用英語老師時，考量的因素是髮色，而不是學經歷。就在那個時候，另外發生了一個令我莞爾的小插曲，Sharon 住在澳洲的寄宿家庭中，第三代的一位小男生，剛滿十八歲，高中一畢業，就飛到中國某個大城當外籍老師去了。而那個小男生，是Sharon從小一路家教到大的小孩。

後來，著實感謝台南縣許多賞識她的校長們，以及高雄縣一所國際中小學，提供了她發展的舞台，終於開始她在台灣的教學生活。

Sharon 開始教學，我的災難卻來了。因為我們很驚訝的發現，雖然台灣近十年來，每年將近有三萬人次的人口出國留學，每年到澳洲留學的人口日益增加，但西方的教育中，許多真實的制度與思維，卻似乎無法真正的在台灣開花散葉。因此，Sharon 在教學上，難免會有許多思維上的衝突與矛盾。

有的人認為那是文化衝突，因此，當民間提起「教育制度不夠好」或「教改」等等相關議題時，換來的常常是「因為文化差異」或是「啊！外國的不一定比較好啦！」等等藉口。但我倆卻對這點有不同的看法。

接受西方國家的教育制度，卻無法真正真正將西方的教育制度與台灣的教育制度完美的結合，首先荼害了誰？台灣未來的下一代嗎？錯了，第一個荼害到的是我啦！每天忙碌於工作，下班後還得聽老婆用英文劈哩啪啦的抱怨，台灣的下一代還沒成長，我已經變成不成熟制度下的犧牲品。

於是，我記錄下內人在家中對我訴說的每一則「抱怨」，對照兩地的教育制度，完成了這本書。因為內人與我一致認為，「，「文化」也是教育出來的，而「好的制度」，就是國家對人民教育最好的工具。

舉個例子來說，二十幾年前，騎機車有人在戴安全帽的嗎？

澳洲這個國家，擁有兩千一百多萬的人口，是從英國獨立出來的國家，一直到今天，究竟要採用君主立憲制或是共和制的政治議題，仍是澳洲兩黨最大的爭論。

此外，澳洲近十幾年來，曾經有流浪教師的問題、有國家教育總綱編撰的爭論、也曾有少子化的問題、也有幼稚園及大專學院的倒閉潮等等問題。

真正深入了解這個國家，才驚訝的發現，原來，我們曾經歷過的問題與掙扎，在許多年前南半球的一角，同樣默默的在上演。既然如此，怎麼可以拿文化當藉口呢？

因此，我們這本書所要談的核心仍是「教育制度」。

藉著五十多篇的小故事，我們並不是想告訴大家「澳洲教育很好」這個概念。Sharon和我，主要想傳達的思想，是想告訴大家「澳洲是如何解決問題的？」為什麼兩千一百萬的人口，境內曾經能有將近二分之一的大學名列世界兩百大名校？

十一位諾貝爾獎得主？中小學生在PISA的各項排名，在英語系國家裡，許多學習指標都能領先英美？許多世所矚目的發明，原來是來自澳洲？

此外，是什麼樣的制度，打造出社會上「百業平等」的風氣，讓澳洲的人民，能依自己的興向選擇職業，不會為了幾個志願的名額，夙夜匪懈的擠破窄門。整個國家與社會，總是給人悠哉與井然有序的感覺。

到底這個國家如何一路走來？如何解決問題？

我們夫妻倆，只是社會上的基層階級，不是學校校長、不是教授、不是記者、也不是官員，因此，本書的訪問，大都來自現實生活中基層教育者的心聲，不是透過正式的訪問。此外，所有的經驗與體認，也完全都是來自現實中生活的感動與經歷。也許，透過社會基層角度反應出的社會，能讓大家對澳洲教育有另一種不同的想法，並進而對自己所處的環境有更深刻的省思。

感謝木馬文化，讓我們有機會把對於澳洲教育制度的理解與感動，能夠分享給大家。期望藉著這本書，讓大家對於澳洲的教育，有更深一層的認識。

最後，更要感謝編輯欣蓉，在本書的發想、撰稿、編排等等一系列的過程中，給予我們的協助，我要對她致上最大的謝意。

天底下只有難教的小孩，
但絕不會有教不會的孩子，
耐心的陪伴、傾聽、與引導，
在生活中協助孩子們發掘出他們的興趣，
才是最好的教育。

目錄／CONTENTS

第五章 高等教育與職業教育

CHAPTER 01

初到澳洲。

教師，我的第一個志業

從唸小學起，我的第一個志業就是「教師」。喜歡小孩，是我想當教師的真正原因。也是這個原因，支撐著我一路從台灣到澳洲求學，又從澳洲任教十餘年，最後又一路教書回台灣。

我的中學時代，正是台灣經濟起飛的時代，我還記得有句台灣的俗語，叫作「台灣錢，淹腳目。」當時，父母彼此之間的話題，大概都是圍繞著：隔壁小王的三兒子考上了某某醫科，但因為不是第一志願，決定休學重考；對面阿蚵嫂的女兒，唸的是某所國立大學的電機或國貿系所；抑或是哪一個嬸婆的二兒子，苦獨三年後，終於熬上了一所明星高中之類的。

我從小學開始，在學校的功課就一直不是很頂尖。我還記得那時，非常害怕數學，但對於歷史故事還有那麼一點興趣，因為覺得至少還有點故事可以聽。除了數學不好，我的地理更慘，相當叛逆的我，怎麼樣也沒辦法說服我自己，將遠在四川省的鐵路和物產融進我的腦細胞中。

但是這些慘烈的科目，都還比不上英文的慘烈程度，一直到寫這本書的今天，都還忘不了中學一年級的暑假，在補習班上英文課的那一幕。

「老師，可以請教你一個問題嗎？」我一臉崇拜的望著英文老師，不好意思的說著。

「可以啊，請說，學生就是要多問問題才會學的好。」老師笑著回答，似乎很高興有學生提出問題。

我接著問：「老師，請問你剛剛上課念的這個單字怎麼和學校老師念的不同？」

老師似乎愣了一下，但馬上回答說：「那個字喔！因為我是留美的，講的是美國腔啦！你們學校老師一定沒出過國，他不準啦！聽我的。」

「是這樣啊，那我了解了，謝謝老師。」信以為真的我，很高興的背著書包回到家中。

但故事的真實情形，是那位補習班的「教職人員」，發音根本就是錯誤的，與「腔調」其實沒有太大的絕對關係，他把wine（酒）與wind（風）這兩個字的發音給弄混了。

總之，我在台灣學校的表現，絕對跟「優等生」扯不上一點關係，更甭提以後想進師範體系的學校就讀。一路走來，我想我唯一的優點，就是真的非常「喜歡孩子們」，而且，還能與他們自然的相處愉快。但是在那個年代，喜歡小孩能做什麼呢？想當老師，那時期的師範體系學校，可也是名列前茅的志願之一啊。

於是，在一九九〇年，在父親朋友的鼓勵下，父親把弟弟羅杰（Roger）送到澳洲唸書。在父親朋友的建議中，我們只知道澳洲似乎是個很安全的國家。當時，我還不是很清楚澳洲，只知道「袋鼠」與「無尾熊」似乎與它有那麼一點關係；且澳洲的牛肉與牛奶也似乎挺好的；另外，聽說那裡因為實施「白澳政策」，種族歧視頗嚴重的。關於其他的，就沒有很多的印象。

「唉呀！你就把曉雯送過去，唸個大學回來，英文好到處『馬』都有補習班可以教書。」鄰居的三姑六婆這樣勸著爸爸，還順便在「馬」這個字上加了重音，標準的台灣國語。一聽到「可以教書」，我耳朵就豎起來了，我偉大的志向「當老師」又像一把火洶湧的在內心燒了起來。

「爸、媽，我想去澳洲唸書。」我有點心虛的跟著爸媽說。

「羅杰在澳洲念高中已經花很多錢了，我跟妳爸爸講看看。」母親說著，似乎有點驚訝我會提出這種要求。

「要去就去啦，小孩能唸書就盡量栽培，錢再賺就有。」聽到我的話，父親站在商店的門口，一邊扛著一箱米酒，一邊流著汗說著。

就這樣，「當老師」的志業似乎又亮了起來。

我的父母親學歷並不高，聽說娶我母親的時候，還借貸了六千塊，六千塊在民國六十年代似乎是一筆很大的數目，父母也從來沒有從家裡繼承任何財產。父親憑著過人的毅力在一家化學公司，從工人做到領班，薪資在那個年代算是小康。一直到做為家庭主婦的母親在家閒暇之餘，異想大開的在家裡新買的樓房一樓開了一間小雜貨店賣賣雜貨，而那間雜貨店又意外的增加了些家庭收入，才有能力送弟弟出國。也許正是因為他們學歷本身不高，他們寧肯省吃儉用也要供我們讀書。

「為什麼不去美國？」這是一個我最常被人問的問題。

「因為澳洲便宜又近啊。」我總是這樣回答。

許多人會認為我能出國讀書，家裡必定非常富裕，那其實是一種誤解。另外，移民的家庭就一定很富裕，那可能又是另一種誤解。也許是因為大家的目光都習慣放在許多家境富裕，以投資方式移民的家庭，但卻忽略了在國外，許多辛苦的技術工作者，是以技術移民的方式辦理技術移民的。

對於一個小康的家庭而言，經濟問題仍然是出國時考慮重要的一個因素。以一九九〇年代一比十八的澳幣匯率來計算，爸爸估算了一下，在澳洲布里斯本求學一年的總成本，相當於養兩個在台北唸大學的孩子。

「就富養了四個小孩吧！」父親豪氣干雲的說著。

於是，在家裡經濟仍可以負擔的考量下，我追隨著弟弟羅杰的腳步，踏入了澳洲。我的「教師夢」開始了。▓

「你要不要去歐媽家住半年」？

我在歐媽(OMA)的寄宿家庭裡，住了十五年。

澳大利亞是一個多元化的國家，最早曾經是英國流放罪犯的地區，後來因為氣候宜人，且環境相當適合發展礦牧業，吸引了大批的歐洲移民遺居此地。歐媽一家人，就是早期因為氣候因素，由荷蘭移居於此的一個家族。

歐媽，是德語祖母的發音。歐媽是德裔荷蘭籍人，從小移居澳洲，因為習慣的關係，在歐媽的大家族裡，自她的第一個孫子出世後，大家就開始稱呼她歐媽，久而久之，爾後住在寄宿家庭的國際留學生，小從三歲，大至不惑之年，都稱呼她為歐媽。

歐媽最早並沒有經營寄宿家庭的計劃，這從她居住的地點可以看出一二。她的房子位於特姆彼瑞山(Mountain Tamborine)內，位於布里斯本市東南方，離市區的直線距離就足足有七十公里，更甭提實際道路的距離了。

認識歐媽，必須感激小我一歲的弟弟羅杰，他比我早出國讀書一年，住在寄宿家庭裡。他第一個居住的寄宿家庭，當中的女主人，剛好與歐媽認識，但是兩人在經營寄宿家庭上的理念卻相當不同。羅杰住在寄宿家庭家的第一年，六個月就瘦了八公斤，後半年則是因為開始會去拿冰箱裡的狗罐頭來吃，聽說體重有稍微恢復，反正住在原來的住宿家庭中，就是永遠填不飽肚子。

後來羅杰碰巧在宴會上認識了歐媽最小的兒子丹尼爾，開始常常在歐媽家走動。

歐媽原本是一名護士，丈夫艾門(Ivan)，曾經是一位深水工程師，經營了一家工程公司，認識羅杰的時候，歐媽已經退休。原本歐媽並沒有經營寄宿家庭的計畫，但是後來因為看到羅杰常常因吃不飽而跑到家中「搭伙」，久而久之，乾脆就讓羅杰搬到家裡來，便開始了寄宿家

十四年如一日的夜晚電視時間

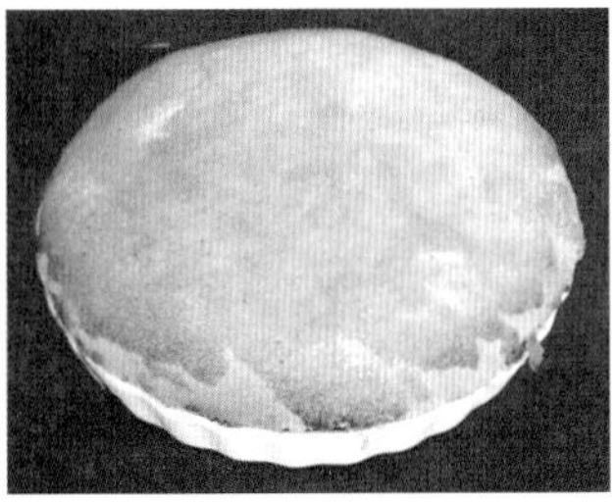

歐媽做的蘋果派

庭的經營。羅杰是歐媽的第一個寄宿家庭學生，理所當然的，初到澳洲，完全無法與任何人溝通的我，便成了歐媽第二個寄宿家庭學生。

澳洲雖以礦牧業為出口大宗，但是對自然資源卻相當保護，所以當地的居民非常珍惜食物。加上早期許多經營寄宿家庭的家長，大多是因為有金錢上的需要而經營，所以對寄宿家庭的學生，在三餐的供應上都會有所保留，之前羅杰的狗罐頭事件就是個代表。當時寄宿家庭的標準套餐是這樣：早餐吃牛奶加麥片，好一點的寄宿家庭會加個吐司配果醬，午餐則是三明治加水果或是前晚做好的便當，晚餐會豐富一些，大都就是典型的澳洲食物，牛、羊排、燉肉配馬鈴薯等。

住在歐媽的寄宿家庭，完全不會有食物匱乏的問題。歐媽的家族，是荷蘭的貴族，儘管傳承經過了好幾代，家裡的擺設依稀仍有歐洲早期的貴族風味。而且歐媽本身對烹飪有興趣，能夠烹飪荷蘭、德國、澳洲等不同國家的料理，包括德國豬腳、義大利麵、荷式濃湯、歐式燉肉等等。

每天晚上放學或下班後，羅杰和我最期待的事就是當天晚上的菜色。「歐媽、我實在是太飽了！」是羅杰與我最常在晚餐後跟歐媽抱怨的話。而且自從羅杰與我加入後，歐媽擔心我們不習慣外國的食物，又開始學習烹飪台式的食物，這個寄宿家庭中的第一台大同電鍋，就是我父親特地從台灣改裝，再一路帶到澳洲。

在澳洲，很多人的第一印象，就是「樹很多」。但是澳洲的木材供給，因為水土保持的關係，控管非常嚴格，澳洲大部分的木材仍仰賴進口，因此在澳洲，木製家具算是相當昂貴的家具。儘管我與羅杰是國際學生，但是歐媽對待我們與自己家人並沒有什麼不同。我們姐弟倆當時都是使用最好的木製家具，我還記得當我躺在專屬的大床上時，滿足的覺得我幸福的像公主。後來我的英文名字真的就取名為Sharon，意為「美麗的公主」。

歐媽是一個非常有耐心的長者，更難能可貴的是發音非常清楚，這對於一個英語的初學者非常寶貴。她很喜歡帶我們去購物，有時開車，有時候搭火車，不論是在等車的過程中，或是在車子的行進中，她都會不厭其煩的教我們辨識一個又一個的單字。購物商場內，也是一個很好的英語練習場所，歐媽和我，常常站在商店前用英文開始討論起來。

自從住在歐媽的寄宿家庭裡，我養成了一個良好的習慣，也是導致我爾後發生「Language Shift（語言轉化）」的原因。在歐媽的家中，從第一天住進歐媽的寄宿家庭裡，一直到二〇〇五年與傑若米結婚搬出寄宿家庭為止，每天晚上七點到八點，我一定會坐在客廳與歐媽一起看電視，並用英語討論當天的生活點滴與電視節目。

住在歐媽寄宿家庭的前幾年，我們討論最多的是當天的學校或工作生活，從一開始充滿歡樂的語言學校，一直到後來半工半讀的艱辛大學生活，歐媽總是會用幾個簡單的問題，引導我用英語講出當天的生活點滴，不管是高興或是令人難過，只要是當天發生的事，我在晚上一定會跟歐媽用英語陳述一遍。從第一年我只能用單字與片語勉強表達的意思，到後來已經能開始用英語與歐媽吵架，甚至糾正歐媽的文法。

二〇〇六年，當我回到台灣時，許多知道我背景的學生家長，詢問我如何學英文時，我總會不經意的順口問他們「你要不要送小孩去歐媽家住半年？」

只差直昇機還沒搭的女孩

在澳洲的前半年，我唸的是昆士蘭大學附設的語言學校，昆士蘭大學是「八大」成員內唯一位於昆士蘭省的百年大學（註❶）。澳洲的百年大學，有一個簡單的辨別方式，只要到任何一所澳洲的大學，發現大學裡的建築物，若有很高的比例是由沙岩（Sandstone）構成，大概就知道那是一所將近百年的古校了。Sandstone是一種類似台灣特產大理石的岩石，顏色是象牙色，那是澳洲早期的特產。

回歸正傳，經歷過羅杰的狗罐頭事件後，老爸和老媽都心疼極了，不管我跟羅杰兩人怎麼抗爭，他們堅持我們一定要住在歐媽的寄宿家庭裡，好像全澳洲的好人都已經消失了一樣。他們沒考慮到，當時我們姐弟的學校都在布里斯本的市區附近，而市區離特姆彼瑞山，光直線距離就足足有七十公里。這相當於從高雄到嘉義縣的距離了。

昆士蘭大學位於布里斯本的郊區，從住的地方到學校必須要搭三種不同的交通工具。因為語言學校的時間是早上八點開始上課，所以每天早上我必須五點起床，六點準時由歐媽開著卡車載我到山下的火車站，搭上六點半的火車，晃啊晃的到達布里斯本附近的火車站（Dutton Park）後，再走路橫跨過幾條街道，改搭小型的渡輪到學校。

大多早期華人的生活方式，比較傾向住在工作或求學的地點。而西方人的生活方式，則會先選擇居住的生活品質再來考慮交通的問題。所以在上學的途中，在火車的第一站，我永遠是眾多金髮中唯一黑頭髮的乘客。

在行駛近一小時的火車上，我發現一個有趣的現象，澳洲人非常喜歡閱讀。在火車上，不論是大人或小孩，不論是「藍領」或是「白領」的上班族，超過三成的人口，在車上都是人手一書。好幾次我忍不住好奇心，故意走到幾個看起來不知道是工程師還是工人的身邊瞄了幾眼，我記得其中一次一個穿著藍色工作服的大叔看的是《焊工手冊》，另一次偷瞄到的大叔看的是《有效率的木匠》。

就這樣，在一位木匠大叔與焊工阿伯的感召下，我也跟著大家的腳步起舞，每天在身上帶著一本書或一本字典，在火車上就開始看啊看的。澳洲的火車和公車都很舒服，不只是車上保持的很乾淨，重點是在澳洲針對司機的規範很嚴格，所以很少有看書看到一半的時候，突然因為緊急煞車而嚇一跳的事件。因此，我一直覺得能在澳洲的大眾運輸系統內看書是一種享受。

我的閱讀習慣就是從那時候養成的，每天最高興的事，就是鑽進一節人很少的車箱，帶一本小說或故事書，把腳高高的翹在椅子上，一路晃到學校再晃回家。

語言學校的課程並不繁重，因為在入學時，學校會根據每個人不同的程度去作測試，再將每個人分配到適合的班級，所以上課起來並不會吃力。在學校裡，我有一個出名的外號，叫作「只差直昇機還沒搭的女孩」，這個外號起於進入語言學校的第二天，該天的第一堂課是新生自我介紹。

「大家早，我的名字是Sharon，來自台灣，目前住在特姆彼瑞山附……」我簡單的自我介紹。

「啊！特姆彼瑞山那裡不錯，但你怎麼到學校的？」老師有點意外的問著。

「我寄宿家庭的女主人會載我到 Beenleigh 火車站搭車，我坐到 Dutton Park火車站後，再走路到渡輪站搭船，然後再坐渡輪過來。」我據實回答著。

「是喔！所以你每天來學校，只差直昇機還沒搭囉。」老師笑著給我下了一個註解。

從特姆彼瑞山上俯覽

布里斯本的火車

布里斯本河上的City Cat

從那天開始，八個月的語言學校生活，我的外號就叫「只差直昇機還沒搭的女孩」。

在語言學校的八個月，我的生活相當規律。早上五點準時起床，吃完歐媽準備的愛心早餐後，六點準時出發下山，搭上清早六點半的火車後開始閱讀，七點半步出火車站後散步到碼頭改搭渡輪，八點到學校後開始一天的語言學校生活。語言學校於三點半下課後，在回程的火車上，我會在利用火車上的時間複習當天的課程內容，通常六點回到寄宿家庭後，七點到九點的時間我會開始陪歐媽看電視，那就是我與歐媽練習英語對話的時間。

日復一日規律、有恆的接觸英文，從來沒有使用過什麼特殊學習方法。因此，每當有學生請教我快速學英語的秘訣時，我總是會用這個故事告訴他們「**規律的學習，就是學語言最大的秘訣**」。

註❶：澳州的大學，有「八大」、「澳大利亞技術網路協會（Australia Technology Network，簡稱ATN）」、與「澳大利亞創新研究型大學組織」三個著名的大學聯盟，「八大」是一個由八所成立將近百年的名校組成，屬於研究型大學。「澳大利亞技術網路協會」是由五所著名的科技大學組成的聯盟，而「澳大利亞創新研究型大學組織」是由六所各具特色的大學所成立的聯盟。

寄宿家庭與生活教育

住在歐媽的寄宿家庭裡，如果有時間，她總是要我陪她一起準備晚餐。從一道菜的各種食材準備，以及在處理食材的過程中，歐媽會用清楚的發音，告訴我每一道食材的英文名稱。烹煮的過程也是很好的語言學習機會。舉荷式烤餅這道菜為例，從翻炒肉燥、烹煮醬料，起司調味，麵皮鋪陳，到最後放入烤箱烘烤，歐媽都會耐心的將每一個步驟，用英文清清楚楚的告訴我。一邊做然後一邊詢問我，是否確實的知道每個步驟的英文，如果不清楚，她會再陳述一遍，直到我了解為止。

如果這道菜是歐洲哪一個國家的傳統家鄉菜，她也會用英文告訴我這道菜的特色以及代表的意義與故事。有時候她還會特地問我許多台灣的菜色，讓我用英文解釋，她也順便學習華人的料理。所以，每煮完一道晚餐，我不但熟知了許多英文單字，還能透過食材，了解到許多歐洲及澳洲的史地常識。

當然，這樣的生活教育，不僅僅只是發生在廚房。

在我住在歐媽家的十五年當中，透過幫忙除草、打掃、及清潔將語言和生活的教導落實在客廳、浴室、後院等地方。

一直到後來，當我在澳洲的學校裡教書，我才深深的體會到歐媽對我的生活教導，對我融入澳洲的文化有多麼大的幫助。同時，也在許多澳洲校長與同儕對我的驚嘆中，才發現我的英語能力，竟然大都是從歐媽的寄宿家庭中培養出來的。

透過寄宿家庭的生活，將語言教育與文化的融合落實在其中，似乎已經變成澳洲教育裡一個很大的特色。

許多人在出國留學時，會花費很多精力與時間，調查要前往的學校與科系，卻往往很少有人願意將心力放在居住的問題上，我認為是一件很可惜的事。

歐媽做的Scones

許多留學生或移民，往往都是在踏上異國的土地上時，才會猛地醒覺，原來在國內聽到許多人侃侃而談的外國經驗，似乎不是那麼的適合自己或孩子們。一旦踏上異國的土地，所有在本國的經驗，似乎都必須從頭開始，因此，親身融入當地的生活，累積當地的人脈資源與生活經驗，是最好的做法。

對學生而言，儘管選讀的學校在怎麼優質，生活仍然是生活，居住的地方仍然是一天二十四小時中活動最多的地方。尤其人在異國，常常因為文化不同而引發的法規問題，往往讓許多移民或是留學生以為的小問題，最後變成影響終身的大事件。因此，在踏上異國的第一步，選一個好的寄宿家庭，不應該是一件被忽略的事。

澳洲的教育產業，是澳洲寄宿家庭文化的重大推手，每年為澳洲帶來大量的國際學生。澳洲的寄宿，和台灣近幾年來流行的民宿，本質上似乎有很大的不同。以我自己曾居住在台灣的經驗為例，台灣許多的民宿較具有商業氣息，許多大大小小的民宿，都擁有十幾間以上的房間，反而像是私人經營的小旅館或背包客旅店。

孩子們開始動手模仿了

艾門帶著女兒做比薩，她藉機認識了很多英文單字

艾門帶著孫子修理電動車

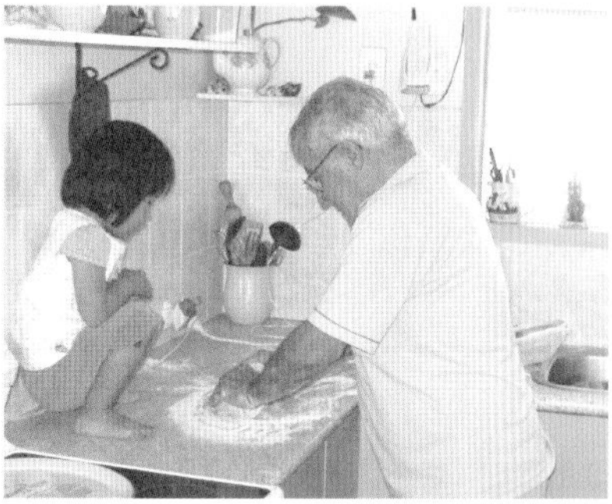

澳洲的寄宿家庭則不然，澳洲人普遍認為，寄宿家庭，學生就是必須住在屋主的家裡，與屋主以及孩子們一起同住，學習語言、分享文化、共用一個廚房、幫忙洗碗或清潔。運氣很好的留學生，還可以與屋主們共享同一個馬桶。留學生住在寄宿家庭裡，就必須和屋主們的小孩一樣，幫忙為家中的大大小小的雜事負責，這樣才真的像一個大家庭。

因為**儘管學校的教育在怎麼完整，最好的教育仍然是從生活中做起，這是澳洲人普遍的思維，也是家庭教育的一貫宗旨。**

因此，澳洲的各級學校，從小學開始，一直到高等教育，學校本身都會與民間的寄宿家庭合作，提供跨洲的學生以及國際學生居住，同時學校也會有專員，負責過濾寄宿家庭的品質，協助學生們適應澳洲的文化。寄宿家庭通常是以週計費，每棟房子會收一到五個學生不等，視房子的大小與屋主的能力而定。

此外，寄宿家庭接受學生的理由會因家庭不同而有很大的差異，有些家庭是因為經濟問題想把多餘的房間做有效的利用，有些是因為想要體驗不同國家的文化，有些是為了自己兒女的教育問題，希望讓自己的兒女能夠自小處在一個國際化的環境裡，原因其實不一而足。因為寄宿家庭本身接受學生的目的不同，自然對於學生的態度也不一樣，藉由細心的觀察與體驗，往往可以是一個寄宿家庭好壞的參考指標之一。

對於許多留學生而言，遠在異國的人生，一個好的寄宿家庭可能不僅只是遮風避雨的地方，而是協助學生們融入異國文化，落實生活教育的好地方。

旅行、習慣、教育

歐媽的先生，艾門（Ivan），是一個水底建築工程師，專門承接澳洲政府的建築專案，每隔一段時間都會在不同的地方工作。有時是在中澳夏日炎炎的沙漠，有時是在東澳一望無際的濱海地區，要不就是在內陸林木鬱茂的水壩地區。

只要政府的工程案一動工，艾門就很少有回家的時間，因此，歐媽會趁著學生放假的時間，帶著我們到艾門工作的地方探訪他，順道在周遭的城市旅行。

如果是以探訪艾門為主的旅遊，歐媽會堅持為我們墊付所有機票與旅館費用，因為她認為既然我們這些學生已經繳付了寄宿家庭的錢，而該次旅遊主要是因為她要去探訪先生，因此她堅持承擔原本不在計畫內的額外旅費。

每次的旅行，對我來說，不但是對陌生文化的認知，也是學習語言與史地最好的機會，更是收集教學資源最好的機會。澳洲的主要居民，仍然是來自歐洲大陸的各個國家，因此，儘管是一個默默無名的小鎮，或只是一棟不起眼的建築物，可能背後都隱藏著一段有趣的歷史故事，或有自己的文化背景。於是，每次行前，我都會跑一趟學校的圖書館，將前往的地方作一番徹底的調查，這也許只是個不起眼的小習慣，但卻在我的教師生涯裡，佔了一席很重要的地位。

原因無他，不外就是因為澳洲的幼稚園與小學，幾乎是完全不用課本的，許多的教學資源，幾乎都是教師自己從各處收集而來，從圖書館、博物館、體育館、動物園、以及大大小小的超市百貨與風景區，而每次的旅途，就是收集這些教學資源最好的時機。當許多師長與工作上的同事，常常在讚嘆我的作業總是能旁徵博引，深入且出，教室的佈置總是有條有理，資源豐富的時候，卻不知其實這些作業與教室的教學資源，不但是免費，卻也都是在一次又一次的旅行中所積累出來的。

此外，在幾次旅行中，針對幾個特定的景點所作的行程安排，後來在各小學擔任代課老師的過程中，被我修改成數學課的教案，都被任課老師索取變成最好的示範教材。

舉個例子來說，在一次學習比例尺的數學課堂上，上課的方式，並不只是單純的教導學生比例尺的觀念。我將學生分成四組，拿出我在墨爾本市郊各大風景點旅遊時所收集到的簡介，每組針對各自分配到的風景點，分別練習用實際的地圖與尺估計出布里斯本市到該風景點的實際距離的比例。

在整個學習過成中，沒有用到任何教科書，成群的學生們嘻嘻哈哈的，各自七嘴八舌的討論對風景點的認識，沒有去過的風景點介紹，會引起學生們的興趣並加深學生們的學習印象，並讓課堂多了一翻不同的氣氛。就在這樣的氣氛下，學生不但學會了比例的概念與距離的單位，還著實對澳洲地理多了一些認識。

透過旅行收集各種教學資源，後來變成一種習慣。從開始只是習慣性的在旅行前，想對該次旅行的目的作一番了解，到後來隨著年紀與經歷的增長，卻變成收集教學資源與設計教材最好的資訊來源。

與歐媽經常性的旅行，一年總有個三四次，足跡遍佈了澳大利亞有水的地方，每年只要知道艾門的公司又從政府接了新的標案，我們就會開始興致勃勃的討論起當年要去旅行的地方。

每次的旅行，住的幾乎都是飯店，歐媽會要求我們像在家的生活一樣，每日早晨起床將床單鋪平，用過的浴巾留在浴室的桶子內，所有的垃圾丟置在垃圾桶中，以方便清潔人員幫我們整理房間。儘管當日已經要離開飯店，所有用過的東西仍要我們將之歸還原位，該清的清，該丟的丟。

我還記得有一次，我和歐媽正忙著將房間回復原狀，當歐媽正把床墊抬起，將床單角平整的塞入床墊的細縫，而我正忙著將用過的拖鞋擺回原位時，適逢飯店的清潔人員經過，他連忙對我們說：「妳們不需要清潔，我們稍後會幫妳們打掃。」但是，歐媽仍然堅持要將東西回歸原位，儘量將房間恢復到我們入住當時的情景。歐媽認為，這是對清潔人員基本的尊重，也是我們這些孩子們對生活應有的認知與習慣。

因此，這幾年的旅行，教導了我另一個生活習慣，就是對人與職業的尊重，以及建立起日常生活的好習慣。這已經被許多教育學家呼籲到變成陳腔爛調的觀念，卻在一次又一次的旅行中，從歐媽的身上看到示範。

一直到現在，我還是保持著讓旅行富有教育意義的習慣，傑若米和我，往往會去女兒學校了解上課的課程綱領後，根據每週女兒在幼稚園裡所學的主題，規劃當周的家庭活動。舉例來說，有一次學校的主題是介紹澳洲的農場，女兒漢娜認識了好多如小馬、牛、羊的動物，當周的周末，我們就去了一趟當地的動物園，當場讓漢娜實際看到小馬與羊等動物。

透過旅行，教導孩子們的規劃行程與收集資訊，是訓練組織力與規劃力的好方法。同時，在旅行的過程中與孩子們一起力行生活中的認知，更能讓孩子加深印象與易於接受。這樣子的習慣，不用太刻意，只需要在每一次玩樂前，多那麼一點點的用心。

實際觀看羊毛修剪 ↑

動物園裡認識小馬 →

女兒在動物園裡觸摸袋鼠 ↓

外國人，沒有什麼不同

歐媽的家是一個大家族，她生了四個小孩，小孩又各自結婚，姻親裏除了澳洲人，也不乏歐洲人、希臘人、西班牙人、以及美國人等等。十幾年下來，藉著歐媽家各方面的協助與照顧，我逐漸的真正能融入澳洲的文化，也著實認識了不少澳洲在地的好朋友。

然而，在歐媽的家住了十幾年，也輾轉跑過不少學校，和不同文化的人種共事過，我最深深的體會，也是驚訝的發現，外國人和台灣人其實沒有什麼不同。典型的澳洲人，往往和我出生故鄉的百姓，有著驚人相似的思維。

澳洲人的基本人性思維，和台灣人真的沒什麼不同，一般的大眾百姓，所圖的無非就是工作、家庭、健康、娛樂。更進一步的所求，也許是名，也許是利，但這些人性最基本的慾望與滿足，中西方並沒有什麼差異。

我認識日以繼夜工作的金融鉅子；也看過三代同堂的澳洲家庭；歷經過歐媽家庭裡的婆媳問題；也看到經營小本生意的澳洲朋友，整天想著如何逃漏稅。辦活動後狂歡過的場地，一樣的杯盤狼藉；有人喜歡常跑夜店的開放的生活方式；當然也有極度保守的老古板；學校裡的教師，和台灣一樣，穿得典雅端莊。基本上，外國人的基本思維，和台灣人真的沒有什麼不同。有好人有壞人；有人類本性的七情六慾；也有正常的喜怒哀樂。

居住國外的時間長了，不免要跟不同膚色、語言、和文化的人打交道，我發現人的基本價值觀是一樣的，比如說，如果你是一個誠實、勤勞、謙虛、喜歡幫助別人的人，不管是歐洲人、美國人、或中國人都會歡迎你；如果你是一個詭詐、懶惰、驕傲、有偷竊習慣、或小氣的人，到哪裡都不受歡迎。為什麼呢？因為人的本質沒什麼不同。

從小在台灣，根據出國旅遊的父母輩的傳說，外國人似乎總是謹慎守法，遵守政府法規，按時納稅，一副好國民的氣象。澳洲人比台灣人守法，總是守法繳稅嗎？這我不敢斷言是非，不過我很清楚知道身邊的幾位朋友，雖說總是準時繳稅，從不逃稅。但是誠實納稅的原因，似乎不是因為人品正直，品德方正，而是因為在澳洲的金融與社會福利制度，設計的相當嚴謹，金融與社福制度環環相扣沒有過去的繳稅證明或財力資訊，別說要購屋貸款時，銀行不願意放款，就連租個房子，房東都不太可能租給你。

再說交通規則與環境保育的守法問題，稍微超速行駛，基本費率就是一百三十塊的澳幣(新台幣三千六百四十元左右)，然後再根據超過的速度累計罰款，此外，除了罰款外還要扣駕照點數，多超速幾次，多扣幾次，駕照就吊銷啦。

釣魚是優良休閒活動，休閒加旅遊，全家和樂融融，但是一不小心釣到尺寸太小的魚，沒有放回水裡，罰多少？澳幣一千元(新台幣兩萬八千元左右)。如果非法用魚叉在違禁地區叉魚呢？猜猜看罰多少，澳幣七萬五千元(新台幣兩百一十幾萬元左右)。所以，澳洲人守法，似乎不是天生的。

澳洲的家庭生活，常給人安居樂利，親子氣氛和諧的景象。外國的父母比台灣的父母愛小孩嗎？這我不太相信，因為天下父母心，有誰不愛自己的小孩的？不過澳洲的社會福利制度，小孩一出生，政府馬上補助牛奶金澳幣五千元(新台幣十四萬左右)，每個禮拜發放育兒津貼；幼兒上幼稚園，政府會根據家庭收入比例補助，補助比例最高百分之百；小孩上公立學校，到十六歲前免學雜費；失業了，父母在領失業補助的同時，孩子六歲前，還能多領一份 Parenting

遊艇上貼著可釣魚類的尺寸

Payment(家長給付)補助。上述這樣的福利制度設計，讓澳洲的家庭，總是一片幸福祥和。

此外，我看過台灣的許多出版商，發表了許多外國很重視閱讀教育的文章。以澳洲來說，澳洲人真的比台灣人愛閱讀嗎？從許多的統計數據與社會上的風氣來看，答案可能是肯定的。但肯定的原因，應該不是澳洲人天生就比較愛閱讀，而是政府推動，學校教育，民間團體的通力合作與提倡外，不管地區如何的偏遠，澳洲政府總會把圖書館規劃的整整齊齊，乾淨漂亮，讓人民如同置身百貨公司的書店，忍不住興起閱讀的欲望，所以是制度與環境使然吧。

舉了許多例子，主要想分享給台灣的讀者，澳洲的人民，或是西方國家的人民，和台灣人民比較，並沒有特別善良或是特別聰明。澳洲有一本非常暢銷的童書《世界沒有距離》(Whoever You Are)(註❶)，就是善用兒童繪本的方式，從孩子們年幼起，教導孩子們，原來世界上各種種族的人類，都有一樣的生理需求，一樣的喜怒哀樂，進一步的讓孩子們認知到，原來我們都沒有什麼不同。

但是對於「人本」的重視，讓澳洲政府對於各種不同的職業、人才，以及各細節的尊重，對於各種政策設計的用心，使得社會上的各種制度環環相扣，的確讓澳洲這個國家，在整體國力與各種成就的取得上，都有相當傲人的成績。

這幾年來，不論是在澳洲任教，或是返台教學的那段時間裡，我接觸到許多華人的英語學習問題與障礙。我很驚訝的發現，不是這些學生不夠努力，而是因為過度對西方社會的包裝與崇拜，讓這些孩子們產生敬畏的心理，反而不能自在的與外國人溝通，倘佯在英語的世界裡。許多教育制度也有類似的情況，許多的改革只看到表面的美麗，卻無法抽絲剝繭，找出西方教育裏真正好的制度與用心。

用心學英文，因為英語畢竟已經是一個國際化語言的門檻，但是願大家在爾後遇到與外國人交談卻聽不懂的機會時，能心平氣和的跟對方說：「Pardon（請再說一遍）」。不需要裝懂說Yes，因為外國人，真的沒有什麼不同。

註❶：《世界沒有距離》(Whoever You Are) 出版社是Harcourt Children's Books；於October 1, 1997出版，陸續都還有再版。

CHAPTER 02

澳洲教育特質。

教育，以人為本，優質均衡

澳洲教育，不能單純的只從一個角度切入。也許，是因為曾在澳洲受教育，又同時在教育界服務。十幾年下來的生活習慣，生活作息中的點點滴滴，已經完完全全的融入了澳洲的教育產業。因此，當我被問到，澳洲教育的特色是什麼？我往往會當下愣住，不知道該怎麼回答這個問題。

曾經有一陣子，寫作的瓶頸，似乎陷入了中國宋朝禪宗參禪的境界，「看山不是山，看水不是水。」時有所悟，偶有所想，知道的越多，卻又深深的覺得知道的不足。

常常想寫些東西，誇獎一下澳洲優質的均衡教育時，現實生活中教師間種族的衝突，或是學生的行為，可能就把我的文思與心情，破壞殆盡。讓原本預備下筆的思路，瞬間破滅。也許如果我沒有生活在澳洲的教育界，沒有看到許多教育界中的衝突與錯誤，我可以更好的下筆。

教育的環節必定是環環相扣，互助互惠。

對我來說，**一個良好的幼稚園教育，對中小學的發展，必定有所助益；同樣的道理，基礎紮實的中小學訓練，對於技職教育體系或是高等教育體系的蓬勃發展，功勞必不可抹煞；而技職教育體系以及高等教育體系所訓練出的人才，或為父母，或為師表，又殷殷實實的影響著下一代的發展**，或幼兒，或中小學。同時，澳洲安定的社會、健全的社會福利、多元的文化發展，靈活的移民政策，都確確實實的對澳洲教育，又或多或少的影響。

因此，單從一個教學方法、教育理念或教育政策切入澳洲教育的特色，或僅僅從澳洲的單一階段教育來切入，總覺得哪裡不大對勁。

一直到在一次偶然的機會裡，我計畫前往住家附近的松林中撿拾松果，預備作為第二天的教學材料，在進入松林前，我看到了松林中一株株高聳的松樹，在夏天徐徐的微風裡搖曳著，組成了一整座美麗的松林。輕鬆自然，不急不徐，那看到整座松林瞬間的感動，突然讓我清楚的知道，該從什麼樣的角度，開始介紹澳洲的教育。

十幾年來，我感受最深的，是澳洲各個教育體制與各行各業，如何的通力合作，讓澳洲的教育，展現出如此的優質與均衡。**澳洲人普遍認為，「教育」是澳洲的未來**。這個觀念，不只在澳洲政府對人民的宣導文宣裡可以看到。在澳洲的各個角落與澳洲人的日常行為，都可以有強烈的感受。

澳洲的教育，以人為本，不爭第一

澳洲人日思夜想的事，不是如何應付評比，爭取第一。而是如何改善澳洲各種教育，切切實實的改進澳洲人的未來。

如果將澳洲的各項評比，放在國際上注目，很難找到澳洲排行「第一」的排名。但是如果有人將世界上的各項評比，一項一項的排放在一起，會有個有趣的發現，各種大大小小的排名體制，在前幾名的身影，總會有「澳洲」這個角色的存在。尤其在教育，人文，生物科技，與醫療等「與人相關」的領域上，總是能看到澳洲大放異彩。

澳洲高等教育的平均素質，令人驚豔

澳洲境內只有三十九家大學，但是在二〇〇五年由「英國泰晤士報」高等教育專刊（The

Times Higher Education Supplement)(註❶)所做的世界大學排名中，有十七間大學名列世界兩百大名校。換句話說，這個國家有接近二分之一的大學，名列世界名校。從二〇〇六起至今，澳洲大學每年進入世界兩百大名校的比例，從沒低於四分之一。

此外，在創新研究方面，人口只有兩千一百萬的澳洲，卻出了十一位諾貝爾獎得主。尤其令人注目的是，這十一位諾貝爾得主，超過一半的得獎者集中在醫學及生物科技領域。這樣的情形，和澳洲人從小的教育與社會風氣有關。澳洲人一再強調，教育是為了國家下一代的未來。而澳洲的科技創新與研發，多半也都集中在與「人本」相關的領域上。

澳洲技職教育的成功，世界矚目

澳洲職業教育與訓練方面在提高工人的技能和生產力上，有非常顯著的貢獻。澳洲技職教育的系統與框架，常是「國際經濟發展組織」研究與報告的對象。

澳洲人普遍認為，澳洲技職教育的成功對於澳洲的經濟起飛扮演了非常重要的角色。在澳洲，有百分之七十的中學畢業生，會優先選擇進入澳洲的技職體系就讀。二〇〇九年七月，金融海嘯後的一年，世界百大銀行裡，只剩下八家標準普爾指數超過AA級的銀行，其中竟然有四家在澳洲。澳洲經濟的穩健，令人驚異。同年，作為一個GDP連續十八年正成長的國家，二〇〇九年十月九日，世界經濟論壇(The World Economic Forum)(註❷)的調查報告顯示，澳洲已超越美國，成為僅次於英國的全球第二金融中心。澳洲，用實際的行動，證明其職業教育與訓練方式為全世界最好和最創新的教育方式之一。

澳洲中小學與幼稚園教育的整體表現出色

澳洲的中小學教育，採用探索式教學方法為基礎，不特意過度強調競爭與排名，而是以啟發與誘導的方式，協助每個孩子在各自的興趣上發展。在「經濟合作發展組織」(OECD)針對全球四十餘國中學生每隔三年舉行一次的「國際學生評量計畫」(Program for International Student Assessment, PISA)(註)中，澳洲的表現，不但在閱讀、解決問題、自然科學等項目的評比居高不下，直追北歐五國，在數學方面，比起亞洲國家也不遑多讓。整體澳洲的評比，在英語系國家裡，更是名列前茅。

除了中小學教育，澳洲的幼稚園教育在國際同樣遠近馳名。**澳洲的幼稚園教育，以「遊戲」為設計課程綱領的主題思想，帶領小朋友在多元文化的環境裡從遊戲中學習**。「育教於樂」與「多元文化」在澳洲的幼稚園教育，是說到，也做到。以遊戲導引孩子們的教學框架與執行方法，在澳洲的政府網站(*www.deewr.gov.au*)裡，被翻譯成二十種語言。從世界各國來的參訪團，常常讓澳洲的知名幼教機構應接不暇。

從幼稚園開始，歷經中小學、技職教育、高等教育、到國家的研究與創新，均衡發展的澳洲教育體制，讓澳洲這個原本只以養牛養羊，挖挖礦產著名的國家，舉世驚豔。二○○八年，澳洲的教育產業，一舉躍升為澳洲第二大出口產業，僅次於礦業，替這個國家帶進一百六十六億澳幣的收入。同時，澳洲境內，大大小小的媒體與研討會，競相討論著，該如何改善教育產業，讓教育，在澳洲能夠好還要更好。

「以人文本，優質均衡」。十餘年來的感動，讓我深深發覺到，澳洲教育的均衡，不只展現在自然、文學、數學等等學科範疇，也不僅僅只是在城鄉的差異，或是貧富間的均衡。澳洲教育展現出最均衡的一面，是以人為本，有系統，有制度，巧妙的與社會福利，移民政策，經濟制度等國家基本的發展決策緊密的結合，共同打造出澳洲這個國家品牌。從二〇〇六到二〇〇八年，澳洲，連續三年被國際品牌公司評為國際品牌世界第一的國家。而澳洲教育下的人民，被認為是打造國際品牌最重要的資產。

「教育，是國家的未來。」這句話，在澳洲，不只是口號。■

---

❶《泰晤士高等教育》（英文全稱：Times Higher Education，英文簡稱：Times Higher或THE），是一份英國出版的高等教育報刊。該刊物自一九七一年創刊，自二〇〇四年起，每年都會與全球高等教育發展趨勢的研究機構QS合作，公布世界大学排名，二〇〇九年起，擴大與美國美國新聞和世界報導、加拿大湯森路透集團（路透社）和QS公司合作，是目前全球最具權威性的大學排行榜。

❷ 世界經濟論壇（俗稱達沃斯論壇，World Economic Forum，簡稱WEF）是一個以基金會形式成立的非營利性組織，總部設在日內瓦。成立於一九七一年的論壇以每年冬季在瑞士滑雪勝地達沃斯舉辦的年會聞名於世。「達沃斯論壇」每年聚集最高端全球商界、政界、學術界和媒體領域的領袖人物，討論世界所面臨最緊迫問題。除了召開會議以外，世界經濟論壇還發布一系列研究報告，並積極參與其會員在各行業中的活動。

❸「國際學生評量計畫」(The Program for International Student Assessment, PISA)是由「經濟合作暨發展組織」(Organization for Economic Cooperation and Development, OECD)針對全球十五歲中學生的數學、科學、及閱讀等項目，持續進行的國際性比較測試研究。截至二〇〇六年，全球有五十七個國家，總共四十萬個學生參與該測試研究。

語言學校畢業後，我選讀了幼兒教育的文憑課程，後來又繼續攻讀大學的教育系與英國語言研究所。在教育系的四年，大二到大四這三年，每年都必須有一段時間在當地的中小學實習教學。大學畢業後，我在任教幼兒園的同時，完成了碩士學位，並在大學附設的語言學校任教，同時也在當地許多華人開設的補教機構兼課。

和現任老公傑若米認識的第一年，在一個風光明媚的下午，我們倆躺在昆士蘭科技大學旁植物園的草地上聊天。

「哇！妳根本把澳洲教育機構全跑過一遍了嗎。」傑若米隨口說著。

這一句不經意的話，我才突然發現，經過十幾年的歲月，我似乎真的已經待過澳洲許多的教學機構。

澳洲的教育體制，起初受到英國影響頗深，但是一九九四年的教改，卻又參考了「美國能力本位」的思想，產生了日後以「核心能力」為主軸的教改計畫，一直影響至今。因為政治與法律仍承襲「聯邦制度」，各州的的教育法規訂定與執行，主要由所屬六個州與兩個行政領地負責，因此各州的主管機構與規定會有所不同。聯邦政府主要是負責統合有關全國性的教育政策及框架的建立。

澳洲的教育體制分為學前教育、中小學教育、職業教育、與高等教育，教育機構名稱與功能隨著教育改革仍在持續的更新。

Connemara Cottag
TRAVE
TREAS
THE AUSTRA
& COUNTRY
Opti-mystic Views
PSYCHIC
THERAPY/
READINGS
PAUL BOULTON
PSYCHIC
EADINGS
IRISH
THE
SCOTTISH
SHOP

陽光海岸地區的一景

學前教育

學前教育為選擇性教育，依據聯邦政府所定訂的教育框架，在各州的名稱又有所不同。以我所在的昆士蘭州而言，小孩自六個月起可以送到 Nursery（托兒所），三歲到四歲為 Pre-PreP (Pre-Preparatory) 幼兒學校教育，四歲到五歲為 PreP (Preparatory) 初級學校教育。

中小學教育

中小學教育分為小學教育、初中教育、高中教育。

澳洲的小學教育與初中教育為義務教育，需要注意的是，因為所在地的不同，修業年限會有所不同。在昆士蘭州、西澳、南澳、與北領地四個區，小學階段為一至六年級，初中階段為七至十年級。而在新南威爾斯州、塔斯馬尼亞州、維多利亞洲、與坎培拉四個區域，小學階段為一至七年級，初中階段為八至十年級。

澳洲的高中教育為選擇性教育，高中階段為十一年級至十二年級。學生在十年級畢業後可選擇不進入高中教育，轉進職業教育的體系就讀。

職業教育

澳洲的職業教育，全名是「職業教育與訓練」（Vocational education and training, VET），它最大的特色不但在於成功的與產業界結合，更成功的與移民政策搭配，提供各國移民進入澳洲職場的專業証照。澳洲的職業教育，成功的將各行各業的專業，融入教育當中，並與高等教育的文憑能夠互相承認。

職業教育中最代表性的為「公立的專科技術學院」TAFE（Technical And Further Education），是澳洲職業教育的主流。專科技術學院的課程幾乎涵蓋了所有的生活技能，提供證書課程（Certificate）與文憑課程（Diploma）。澳洲部份職業課程，因為可以與大學高等教育互抵學分，職業教育體系中提供學士學位（Bachelor Degree）及碩士學位（Master Degree）的學校極少。學分互抵提供學子非常大的選擇彈性，大部份的學生可以在完成職業教育後，繼續進入高等教育深造。

我一直覺得，職業教育體系的成功，不論是對於澳洲安定的社會，甚至對於整體的國家品牌塑造，都佔有不可抹滅的地位。

高等教育

澳洲有兩千一百萬左右的人口，全國三十九間大學，從二〇〇五年至二〇一〇年的世界大學排名，始終有四分之一以上的澳洲大學進入全球前兩百大排名。

值得一提的是，比起國際留學生而言，澳洲當地的居民似乎較不會因為這些大學的排名而改變對於學校與職涯的選擇。我自己後來選擇昆士蘭科技大學而放棄昆士蘭大學的原因很簡單，就是因為當時昆士蘭科大的教育系有幼兒與小學教育的課程，而昆士蘭大學沒有相關課程。

澳洲大學提供四種課程，分別是①證書課程（Certificate）；②文憑課程（Diploma）；③學位課程（Degree）；④學士後課程（Graduate Program），包含碩士及博士學位。每一個課程因為所屬科系的不同，修業年限也會有所不同。

澳洲教育制度 The Australia Education System

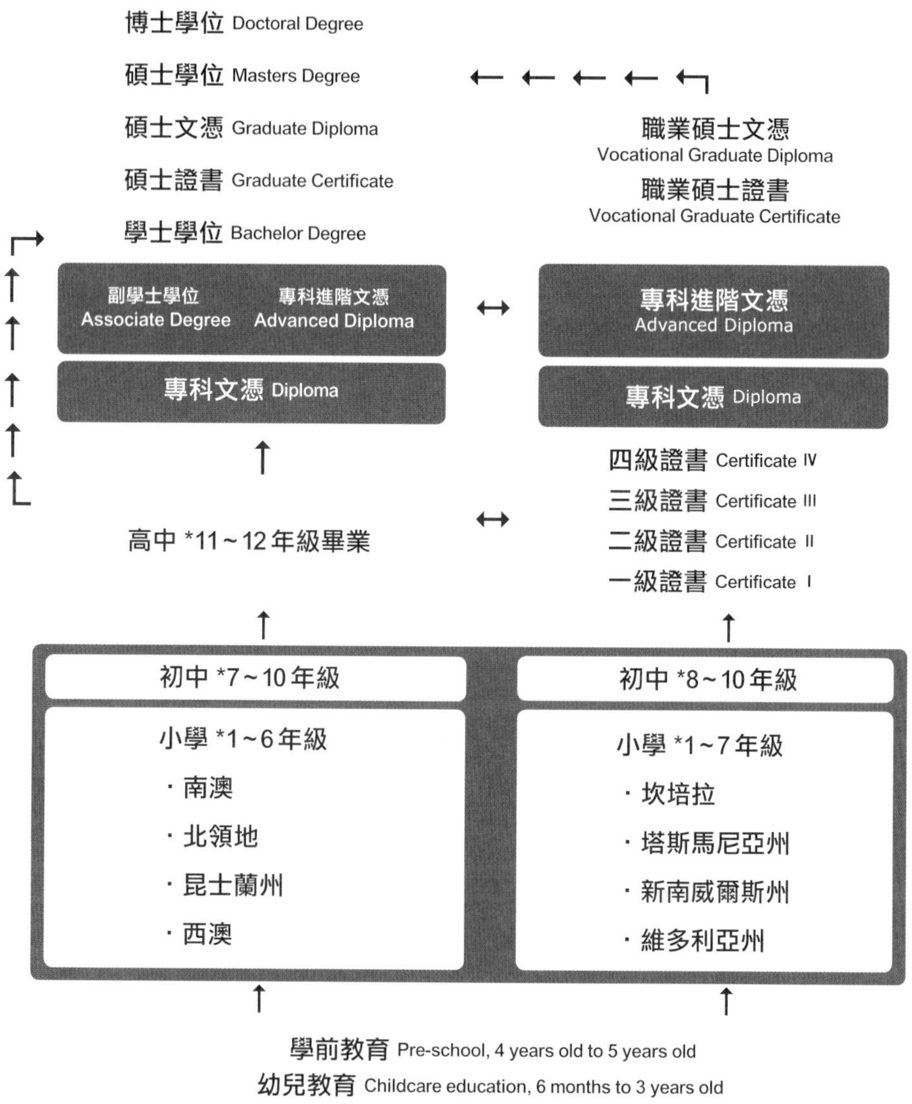
博士學位 Doctoral Degree
碩士學位 Masters Degree
碩士文憑 Graduate Diploma
碩士證書 Graduate Certificate
學士學位 Bachelor Degree
職業碩士文憑
Vocational Graduate Diploma
職業碩士證書
Vocational Graduate Certificate
副學士學位
Associate Degree
專科進階文憑
Advanced Diploma
專科文憑 Diploma
專科進階文憑
Advanced Diploma
專科文憑 Diploma
高中 *11～12年級畢業
四級證書 Certificate IV
三級證書 Certificate III
二級證書 Certificate II
一級證書 Certificate I
初中 *7～10年級
小學 *1～6年級
・南澳
・北領地
・昆士蘭州
・西澳
初中 *8～10年級
小學 *1～7年級
・坎培拉
・塔斯馬尼亞州
・新南威爾斯州
・維多利亞州
學前教育 Pre-school, 4 years old to 5 years old
幼兒教育 Childcare education, 6 months to 3 years old

澳洲教育與高等教育，是政府與產業能緊密的結合，能將「需求」與「資源」平等的落實在教育制度裡，讓人民可以根據不同的興趣，找到自己最適合的工作，讓人才又回歸到產業中。

在澳洲的這些年，總是有太多在澳洲教育體制下「成功」的朋友在身邊圍繞著。與我們一直住在同一區的瑪莉就是個很好的例子。瑪莉是歐媽的朋友，家裡養著五條狗，與歐媽在布里斯本的家只隔著三條街，因為瑪莉喜歡狗，十年級畢業後在陽光海岸地區的專科技術學院完成寵物照顧(Pet Care Course)的証書課程，在我們社區裏經營「洗狗」的生意，因為年輕又親切，大家都喜歡找她「洗狗」，年收入不輸給一個專業的基層律師或會計師。截至目前為止，全澳洲大約有五十八職校或技術學院都有提供寵物照顧課程。

澳洲的教育體制，並不是一開始就確定下來，而是由政府、產業、及教育者經過不斷的討論與研究後，再將研擬的政策，落實到各個教育機構執行，才逐漸確定下來。澳洲整體人民共同努力的目標，就是努力的將「平等」的精神，落實在教育體制中，達到「人能盡其才」的目標。

Black Forest Hill
Montville
Grandfather
Clocks
handcarved
Cuckoo Clocks
German
Articles
BLACK FOREST HILL
Clock
Centre
OPEN : SUN 12.30~5.00
MON~SAT 9.30~5.00
PH. 54429409

陽光海岸一景

澳洲，人盡其才的秘密

澳洲對教育的態度，以及澳洲政府對於將「平等的精神」落實在澳洲教育的決心，從澳洲教育相關機關的名字就可以看出端倪。澳洲聯邦政府的教育機關，叫作Department of Education, Employment, and Workplace Relations。意思是教育、就業、與工作場所關係的部門。聯邦政府規畫教育體系的機關，本身就同時負責雇用與工作場所的管理事宜。另外，教改時代中佔有相當地位的MCEETYA (the Ministerial Council on Education, Employment, Training and Youth Affairs) 譯名應為教育、就業、訓練、與青少年事務部（❶）。

也因為澳洲政府本身的態度正確，力求在教改的過程中，希望能夠兼顧到每一個團體。澳洲成功的教育制度，雖然歷經了多次的風雨與大小不斷的爭議，總是能在主管機關的協調下，維持著一貫的共識，進而落實在澳洲的教育制度內。

每次的教改都是由政府、產業界、學校行政單位、教師公會、貿易組織、職訓單位及其它大大小小的組織，在聯邦政府的許可下，成立專業的委員會，提出建議與報告，再由政府落實在教育體制內。

我個人認為，影響澳洲近十五年來最大的教育改革制度，是一九九五年由MCEETYA所公布的澳大利亞學歷資格框架 (Australia Qualification Framework)。這個框架從公布開始，又歷經產、官、學三界代表多次的討論與研擬，再經由各個地方政府落實到教育組織反覆的試驗與修正，整個修正與試行的過程歷時五年，一直到西元兩千年才開始實施。

幾乎已經忘了大學課堂上是那位教授說過的一句話：「學歷資格框架這個制度，會讓澳洲的人民縮短求學的時間，卻又無限延長了人民求學的時間。」

到底什麼樣的制度會讓人民縮短了求學的時間，卻又無限制的延長了人民求學的時間呢？

學歷資格框架，完整的將中學、職業教育、與高等教育的學歷標準規範在一個平台

澳洲的學歷證書，一般來說有三種，第一種叫Certificate（證照），第二種是Diploma（文憑），第三種是Degree（學位）。三種學歷證書，因為教育組織與修習科系的不同，修業年限也會不同。舉例來說，同樣是證照，大學開的證照可能修業年限要一年，而碩士課程裡的證照可能只要六個月。

這個學歷資格框架，其實就是把澳洲所有的教育機構，包括中小學、職業學校、與高等教育的文憑全納入這個學歷資格框架中，讓這個框架中的學歷證書，可以相互承認。因此在這個框架下，學生可以很容易的從所屬的學校轉到另一個學校。互相可以承認的文憑與學分，讓轉換跑道與再進修的學生，可以縮短求學的年限。

這樣的作法，對人民有什麼好處呢？舉個例子來說，一個初中畢業的學生，可能對前途無所適從。他可以先選擇一個他有興趣的專科技術學院課程進去修習，可能只花了一年，畢業後，如果發現對先前所選擇的科系並不是那麼有興趣，他仍然可以用同等學歷的資格去申請下一個位階的證照或文憑，以便轉進高等教育，繼續深造。同時，之前拿的那個證照，仍可以保留，讓他在大學唸書的同時，半工半讀。

對於未知的東西感到懼怕，這是人類的天性，並不是任何一個國家所特有的。但是「澳大利亞學歷資格框架」這個制度，適當的讓人民在對未來的選擇上，多了許多彈性，也少掉許多

不安。而**當人民對未來不安的情緒降至最低，可以自在的依興趣選擇未來時，你會發現在社會上，各種創新與創意，會源源不絕的產生**。且因為人人可以彈性的依自己的興趣選擇工作，自然能在工作上有所建樹。

而在另一方面，因為將「證照」、「文憑」與「學位」三種文憑的順序明確的在同一個框架下定義清楚，企業主能夠透過學歷證書清楚的了解每一位求職者的能力，不會產生一個擁有十幾張証照的求職者，進入企業體後，卻發現他沒有相應的職場能力，而浪費企業人力成本的情形，這無形中降低了許多企業人力資源成本。而彈性的學分抵免制度，讓許多高階的企業主管，也樂意再回到學校裡，取得一個自己有興趣的文憑課程，順便替企業招收一些有潛力的學生。這就是無限制延長人民求學時間的真意。

「**好教育，讓人民與企業對國家充滿信心。**」這是我在昆士蘭科技大學的時代，在課堂上聽到最令我動容的話。

時隔多年，我已經遺忘掉許多場合所發生的人與事，但仍是會有許多讓你印象深刻的話語，一直在腦海裡徘徊。而一直到多年以後，我才能理解，為什麼澳洲的教改，企業界總是一路參與的原因。因為企業需要國家教育出的人才，而國家需要企業與人民具體的回饋。

「**成功的秘訣在於落實與溝通。**」這是四年前我在格里菲斯大學的語言中心兼課時，與該系的系主任閒聊時所得到的認知。澳洲成功的學歷資格框架，一直到二〇〇七年的第四版，雖只有薄薄的九十九頁，但真的是澳洲各界確實「合作」後的精華。「從一九九五年問世後到二〇〇七年最新版本，我們都能感受到每次的變動都是真的有效益的。」博士班的同學在旁邊插嘴說著。

學歷資格框架的體制改革並不是一帆風順

在兩千年初期，因應學歷資格框架的變革，許多「教學機構」如雨後春筍班的興起，產生許多品質無法控管的私立學院。再加上，有許多拿著證照與文憑充當碩學士學位的國際留學生，政府同樣無法控管（[2]）。同時間，學校與學校之間，因為課程學分互相抵免衍生出不少爭議與分歧。以上都是改革的過程中，層出不窮的爭議和狀況。

雖然澳大利亞學歷資格框架的推動與改革產生許多問題，一路走來跌跌撞撞。但當政府、企業、與教育團體都能唯持一致高度的共識，所有的出發點真的是為著澳洲全體下一代的未來思考時，各方團體才能真正的合作，訂出全方位的教育框架，締造出今日傲人的成果。

---

[1] MCEETYA全名為The Ministerial Council for Education, Early Childhood Development and Youth Affairs，該機構於二零零九年七月一日與MCTVE(The Ministerial Council for Vocational and Technical Education)合併為MCEECDYA(The Ministerial Council for Education, Early Childhood Development and Youth Affairs)。

[2] 因為碩士班開的文憑課程(Diploma)中文翻譯為碩士文憑，並非碩士學位，但中文的碩士學位也叫碩士文憑，容易讓中文地區的企業混淆，常引發學歷爭議。

生活即教育，遍地是教材

「生活即教育，遍地是教材。」是我內心對澳洲教育環境的感動。

剛開始，這個感動，在澳洲任教的十多年裡，感觸並沒有非常深刻。

直到後來，當我在台灣南部的國際小學裡擔任外籍教師時，學校為了發展IB國際文憑課程的需要，該校的副校長到澳洲實際考察。副校長回台後，在一次小組會議裡，她很興奮的跟我說：「Sharon（曉雯），我發現澳洲的教學資源好多啊，到處都看的見耶。」

我愣了一下，順口回答：「是啊，在澳洲，遍地都是教材啊。」

會有這段對話的原因，是因為那段時間裡，為了成為IB國際文憑組織的候選學校之一，我們必須訓練學校的合格外師自己編寫教材。但我們這群教育工作者最苦惱的事情之一，就是台灣正規的英語教學資源嚴重的不足，常常發現找不到合適教學資源的窘況，因此才有了上述的感觸。

這裡所說的教學資源，不僅僅單指書籍，還包括了社會上各種不同機構的資源分享與日常生活中各種資源的取得。

也許是因為身處在澳洲的教育環境裡，對於澳洲的許多事物，很自然的就視為理所當然，直到外人無意的提醒，才一語驚醒夢中人，發覺自己身處環境的不同。

生活即教育

澳洲的教育，從幼稚園開始，普遍不用課本教學。教師必須整合各種不同的教學資源，配合教學課綱與班級的學生程度，在每堂課前編寫學生專用的講義。講義有可能是手寫，可能是電腦打字，也可能是從某一本教科書上擷取下來的一個章節。這種情形，從幼稚園到博士班都普遍存在，是教師的專業，也形成一種風氣。

因為不用教科書，教師所編撰的講義內容能跟得上環境與社會的改變，社會上各種不斷推陳出新的知識與科技，以及與生活緊密結合的各種常識，才能隨時進入課堂。

花，常融入該鎮的教學與家庭

舉個實際的例子來說吧，在昆士蘭州內陸的一個城市TOOWOONBA，是一個以花卉著名的城市，每年的花季都會吸引上千萬的遊客到此一遊。該個城市附近的中小學，就常常以「花卉」當作各種課程的題材。

以花季聞名的小鎮

學前班與小學一二年級的閱讀課，教師帶著同學們，閱讀著以花卉為主題的相關童籍；小學三到五年級的科學課，教師帶著孩子們參觀完花農的種植後，請孩子們在家長的協助下，種下生平第一顆花的種子；中學的資訊課，請孩子們利用電腦網路與搜尋引擎，善用與花相關的關鍵字，找出老師精心設計的問題答案；中學的地理課，教師引導孩子們，運用網路找出世界栽種花卉的主要國家後，帶著孩子們在世界地圖上標示出每個國家首都的位置，並研究該國氣候與土壤與盛產花卉的關係；中學的家庭經濟課就更經典了，教師帶著孩子們在布里斯本市「練習開一間花店」，花材供應地當然就是自家產地，孩子們學習如何評估運送花卉到市區的成本，包括包裝、租店面、貨運租賃、人工計算等等。同一個主題，可以被不同階段與不同科目的任課教師，發展出各種與生活知識結合的主題課程。

學校與教師如此配合環境、文化、科技改革等等不同的變因來實際設計教學內容，是絕對沒辦法以教科書為主來進行教學的。因為這樣子的教學方式，可能在一種新的科學技術或一則新的知識新聞出現，當下就被教師引用到隔週的教材裡。單單只使用教科書，資源遠遠不夠，而且太慢。

遍地是教材

課程與生活緊密的結合，教學模式不以教科書為主，上課前夕，教師必須針對課堂的主題廣泛的整合各種資源，編輯成上課的講義，或是設計成一系列的活動，引導學生學習。

教學資源可以從圖書館、博物館、美術館、動物園、體育館、超級市場、百貨公司等大小不同的單位取得，包含了簡章、廣告單、報紙、雜誌、遊戲、電腦動畫、音樂光碟、食材、日常用品、自然資源等等事物，取材的內容完全視學校與教師的專業規劃及創意而定。

舉個簡單的例子，撲克牌，就是從學前班到中小學中，數學課中常出現的工具之一，此外，用簡單的紙卡作成的數字牌與骰子，更是數學教室裡的常客。運用隨手可作的紙牌，發展出各式各樣適合學生學習的課程，*http://www.challengecards.com*這個著名的網站是一個很好的例子。

難能可貴的是，不只教師能運用隨手可得的生活資源設計教案，澳洲各個政府單位及民間組織，普遍對於供應教師這些教學資源都有正面的態度與觀念。甚至在政府單位、博物館、動物園、圖書館、體育館等等這些機構裡，有些組織本身就有專人發展教育方面的課程提供給客戶，與學校作良好的互動與合作。教師在與這些組織索取教學方面所需的資源時，也都能得到相當主動的回應。

也可以說，澳洲的教育裡，「遍地是教材」的情形，是在整個國家全體人民對教育有正確的共識，各個機構整合變成一全面的系統，提供教學資源。社會上的各個單位，是教師設計教案背後最堅強的後盾，每日絞盡腦汁設計教案的教師，不至於淪落為孤軍奮戰的打手。

此外，為什麼澳洲的人民對教育有如此良好的共識？別忘了，因為這些人民從幼稚園開始，接受的就是不用課本的教育，自然把「從實作中學習，生活資源就是教材」的觀念視為理所當然，主動回饋教師教學資源，當然也是很自然的事。

澳洲的孩子們，就是在這樣的教育方式下，透過教師們整合各方資源，精心設計的「實作」，不但學會了各種科目的基本知識與技能，還能將知識與技能，自然的運用在日常生活中。

人口只有兩千一百萬的澳洲，至今已產生了十一位諾貝爾獎得主，令人訝異的是，這十一位得主，超過一半的得獎者，集中在醫藥及生物科技領域。這樣的情形，除了因為澳洲經濟的主體之一為農牧出口，且社會風氣對於人本與環境的重視，進而帶動澳洲人從小對於生物與環境的教育。除此之外，在國家創新研究的方向，也相當重視醫藥及環保方面的科技發展。

動物園，是澳洲教育體制裡相當重要的一環。澳洲的動物園，並不是只單純的養養動物，帶領遊客參觀，而是從規劃之始，就已經將「教育」這個功能，設計在園區的基本功能之中。

打開澳洲大大小小的動物園網站來看，會發現一件很有趣的事情。每個動物園網站的基本功能區塊中，一定含有Education（教育）這個區塊。再點擊進去，進入這個區塊的選項，更有趣的事情發生了，你會看到大大小小的教學方案與課程方案，按照不同的年級或是不同的組織分類，井然有序的排列著。仔細看看這些課程的內容，往往會讓許多人非常驚訝，整個課程的層層規劃，按照年級由淺入深，專業度完全不會輸給學校的專業人員，讓人幾乎誤以為是學校的網站。

並不是因為澳洲的動物園經營不善，開始搶教師的飯碗，澳洲的動物園，反而因為成功的與教學結合，讓動物園的經營，更呈現多角化的發展。許多大大小小的動物園，不但會規劃各種與生物與環境相關的課程與出版物，供遊客及學校選擇，還會派員到校授課，主動提供校方教學資源，與學校之間的互動非常密切。

通常動物園裡會聘請動物專家或是專屬的教育專員負責規劃課程相關事宜，同時作為與校方及教師互動的窗口，這些專家或專員通常會同時擁有教育和動物兩方面的證照。

且園方本身能夠與教師作良好的互動，對教師的幫助是非常大的。因為我就常常因為收集教材的需求求教於各大動物園，有時是索取一些園方提供的文宣，有時候是對於一些教材的設計提出疑問。

其實，雖然園方有專門負責課程與教育的人員，動物園的一般員工對於教育這塊領域，多多少少也都會有基本的概念。有些積極主動的員工，甚至會在教師帶孩子們來動物園上課的時候，主動提供教學資源或是相關的課程資訊給教師，省下教師收集教學材料的時間。可以見得，一個國家的教育體制能夠不以教科書為主，社會的風氣與民間的協助其實也是不小的助力之一。

此外，既然園方本身能規劃課程，自然而然，這個課程絕不是自己想想，或隨便找個名人規劃規劃，就信手而生。這些園方規劃的課程，仍然是依照國家或州政府頒訂的教學綱領指引編寫而成，不過教學內容會依動物園的主題動物不同，而有些差異。

舉例來說，在昆士蘭州內著名的一家動物園 Australia Zoo-The Home Of Crocodile Hunter（澳大利亞動物園——鱷魚獵者的家），本身就設計了一個名為 Crickey!（哎呀!）的教學方案，園方並在網站上清楚的說明，這個教學方案的編撰，是參考昆士蘭州政府制定的教學綱領與幼兒教育教學方案指引。在「哎呀！」這個教學方案下，園方依照孩子們的年紀規劃了許多與動物相關的好課程，分別適用於幼稚園、一至二年級、三至五年級、六至九年級、十至十二年級等五個不同的年齡區塊。

細心規劃，孩子們可以近距離看到危險動物

規劃用心的猛虎區

動物園中介紹大象的說明

例如，在幼稚園程度的課程裡，有一個以探討「動物的藏匿與發現」為主題的課程，善用小朋友們對於「捉迷藏」這個遊戲的認知與興趣，引導孩子們去探索動物的足跡，可能是脫落的毛或是褪下的牙齒，進而對動物的藏匿與發現有所了解。在一至二年級與三至五年級的眾多課程中，另一個以「動物對環境的適應」為主題的課程，藉著探索動物園區內的動物，教導孩子們了解各種動物的特性與行為，以及動物的求生技能與環境適應的關係。

此外，以「動物對環境的適應」為主題的一系列的課程，除了一路連貫到十至十二年級的課程裡，還能更深入的探索與生物課程結合，探索特定動物的特性（包括物理特性與行為特性）與環境的關係。

動物園的出版物

動物園裡清楚的說明，相當有教育意義

在十至十二年級程度的課程裡，澳大利亞動物園就常常以鱷魚為主題，費心的將鱷魚的出生、餵養、作息、出沒、皮膚與各器官的特性、牙齒的功用與形成、捕獵與求生的習慣、生病時的護理、以及這些物理特性與環境的互動關係等等知識，巧妙的融合在一個戶外教學的課程中。

這些大大小小的課程裡，從小學程度起，就能與學校的「科學」與「生物」課程互相配合。上網仔細觀察一下這個動物園的網站，園方除了編排了各種有趣且專業的課程外，還特地規劃了一個專區，供教師群下載教學資源（*http://www.australiazoo.com.au/education/teachers/*），園方與校方的互動良好由此可見。

課程規劃的如此活潑與專業，孩子們能在這樣的學習氣氛裡，無形中學到了不少與動物及環境相關的好東西，寓教於樂的動物園，絕不是空口說說，而是真正的落實在澳洲的各個動物園中。

連動物園都能變成教育的場所，孩子們就是在這樣的環境下長大，不只學會了許多與動物相關的好知識。更重要的是，孩子們的教育，能夠自小就與動物及環境做如此的互動與了解，自然而然對生物與生活的環境會產生強烈的認同感。

因此，除了澳洲人秉持著西方教育的人本理念，對於老人及幼兒的醫療護理本身就相當重視外，整體社會與學校，是真的能互相配合，將動物與環境保護的觀念，從幼稚園起就在孩子們的思維中潛移默化。

博物館，也可以這麼好玩

博物館，在澳洲的教育中佔有舉足輕重的角色，這樣的說法，一點都不誇張。在澳洲教育界多年，雖然已經記不起到底曾經帶著學生參訪過多少間博物館，但是各個不同領域的博物館規劃的用心與務實，卻一直深深的烙印在我的腦海。

澳洲博物館的種類繁多，實在不勝枚舉，舉凡歷史文物、軍事古蹟、木材製造、人物傳記、自然科學、藝術、電影、音樂等等，都可以是博物館的主題。

這些博物館的規劃，不僅只是單純的陳列物品，擺擺文物，而是因為澳洲博物館的軟硬體規劃，往往都能將「教育」與「觀光」的功能整合，讓寓教於樂的目的，在澳洲的博物館產業，再一次淋漓盡致的展現。不但提供了民眾休憩的好去處，也是教師帶領學生，進行教學的好地方。

澳洲的博物館，隨著不同的主題，也會有不同的建築風格。有些是由古老的建築物改建，承襲著濃濃的歐式風格，建築物本身就是古蹟保存；有些是由與主體相關的建築物改建，規劃理念本身就能與博物館的主題相合；有些則是現代建築師的最新設計，充滿著前衛的現代風格，其中不乏知名建築師的經典作品。

近十年來，有時是因為工作上設計教案的需求，有時是帶學生參訪，或是家庭觀光旅遊，前前後後我總共造訪了澳洲大大小小數十間公立或私立的博物館。雖然不是每一座博物館都是特色鮮明，美崙美奐，但是平均而言，大多數澳洲的博物館，不論是建築格局的設計、主題文物的陳列、解說員的介紹、無障礙空間的設計，以及在訪客休憩空間的考量、公共廁所的清潔

火車博物館

由廢棄火車維修廠改裝的火車博物館

等等的規劃上，都能看出澳洲人在用心設計博物館的同時，不忘了將「教育」與「觀光」等功能一起思考進去。

近年來，最讓我印象最深刻的博物館，是位於昆士蘭州內，一個以火車為主題的博物館「火車鐵軌博物館」。會去參訪這間博物館，是因為在一次在編寫有關「火車」的教案時，偶然在搜尋引擎上找尋到的結果。

因為澳洲昆士蘭州政府在規劃這個主題博物館時，藉著「火車」這個主題，整合了世界知名卡通人物「湯瑪士火車」，這樣子的整合概念，讓一個原本廢棄的火車修理廠煥然一新，搖身一變，成為孩子們喜愛的主題樂園。

令人驚豔的是，這個博物館並沒有因為融入卡通人物的形象而變的不倫不類，喪失了博物館的功能，反而因為「湯瑪士火車」的加入，將館區展覽的功能，與「教育」及「觀光」完美的結合起來，讓該博物館，衍然變為布里斯本市郊的著名觀光景點，以及學校群最愛參訪的博物館之一。

雖然火車鐵軌博物館的設計上，與「湯瑪士火車」的結合，本身就已經對孩子們充滿了吸引力，但是一個博物館，要能持久穩定的經營，館方在本身軟硬體管理上需用心與努力，才是長久之道。我以這個經常拜訪的博物館為例，歸納了幾點個澳洲博物館吸引人的原因：

建築風格

首先，博物館本身的建築風格，本身就已經有自己的特色，傳達出博物館本身主題的理念。火車鐵軌博物館，早期因為是火車停放與維修的站台，因此舘方的在硬體上的規劃，保留了早期磚瓦與鍍鋅烤漆鋼板搭建的工廠風格，所謂鍍鋅烤漆鋼板，其實就是台灣人俗稱的鐵皮屋。另一方面，在保留古蹟的同時，利用鍍鋅烤漆鋼板顏色鮮明的特點，結合卡通「湯瑪士火車」亮麗的顏色，打造出一個顏色鮮明，色彩亮麗的「工作站」，許多年久失修的火車頭，都被從新粉刷，漆成各個孩子們耳熟能詳的卡通火車，James、Thomas、Edward等等，讓孩子們彷彿真得置身「湯瑪士火車」卡通的工作站中。

我所拜訪過的澳洲博物館，在建築上大都有類似的特色，就是能藉著不同的主題內容，用心規劃出能傳達主題的建築風格，一而再的顯示出澳洲人規劃博物館的用心。

解說員與活動

其次，博物館解說員的專業解說與活動表演常讓人讚譽有加。一個博物館能夠如此的活潑生動，一個解說員的專業與用心是不可缺少的。火車鐵軌博物館的解說員，會打扮成「湯瑪士火車」卡通裡的站長，帶領孩子們及家長，用各式各樣有趣的故事，介紹火車這個主題。可能是用說故事的方式，介紹館內的火車及歷史，或帶領著大家，用角色扮演的活動及玩遊戲的方式，讓孩子們了解技工維修火車的流程及火車車站的運作流程等等。

博物館解說員帶領孩子們閱讀

博物館的兒童操作區

整場解說下來，活生生就是一門精采的課程，整合了英文、社會科學，乃至科技及科學課。到博物館參觀的孩子們，在這樣輕鬆有趣的氣氛中，學會了不少實用的好東西。寫到這裡，很多讀者應該會想到，為什麼澳洲的教師特別愛上博物館了？因為解說員賣力解說，寓教於樂，教師可以趁機休息，偷得浮生半日閒，難得輕鬆，豈不快哉？

博物館方還會定時舉辦各項活動與展覽，鼓勵家長帶領學生免費參與，許多細心規劃的活動，讓博物館真正成為寓教於樂，親子同遊的場所。

維護和展品規劃

澳洲博物館的館方，對於展示品維護與展示方式的規劃，用心程度同樣令人讚賞不已。許多大大小小的展示品，不是只是整理乾淨，貼個介紹，放在玻璃窗裡陳列。澳洲博物館方，巧妙的應用展示品的特質，規劃出各種充滿創意的陳列方式。以火車鐵軌博物館為例，除了各個火車頭被改造成一個一個的卡通主題外，火車零件的展示與介紹，有的設計成益智遊戲、有的設計成電腦動畫、有的被設計成逼真的模型等等，讓博物館的參訪人員，在不想隨同解說員行進的過程中，仍能輕鬆有趣的了解到不少好東西，

其它如館區的配樂、親子同樂的的兒童區、牆壁上的壁畫、休憩的咖啡廳、電影欣賞、甚至於極度乾靜的廁所等等，每個場所，總都有些許令人讚嘆的創意與細節。整個園區，從開始的構思、規劃、啟造、建廠、完工、動線設計、活動的興辦，都能展現出澳洲人將博物館結合教育與觀光的用心與努力。

二〇〇六年，澳洲統計局公布了一份針對十五歲以上的澳洲人所做的統計報告，報告顯示，有高達百分之六十二的澳洲人，把閱讀當作他們最喜歡的活動，不是衝浪，不是高爾夫，也不是品酒。其中，閱讀次數最頻繁的年紀，竟然是集中在四十五歲至六十五歲的人。

二〇〇九年，另一份針五至十四歲的孩童所作的統計報告，該報告指出有高達百分七十二的孩童認為「放學後閱讀是一件樂事」，該份報告用Pleasure(樂趣)這個單字，形容孩子們閱讀的喜悅。

二〇一〇年一月，澳洲的「澳大利亞日報(The Australian)」報導了一則新聞，該新聞指出，儘管現在社會科技發達，網路科技造成許多國家的出版業不堪虧損，紛紛轉型或倒閉，但是在在澳大利亞，書籍的銷售量卻仍然持續逆勢攀升。該新聞指出，根據一份針對澳洲書籍產業的研究報告，未來兩年，澳洲書籍產業的銷售收益，仍然會以每年百分之八的成長速度提升。澳洲人平均每人每年買十本書，為澳洲書商創造出每年十七億澳幣(約台幣四百七十六百億)以上的收入。請注意，這個數字是收益，而不是市場規模。

澳洲人認為，「閱讀」是攫取知識的基本要件。養成閱讀習慣，人民才能吸收與理解資訊，再進一步的整合成自己的知識，透過口語或寫作表達出來。因此，「閱讀」可以說是一切學習的根本。但是，澳洲人，為什麼這麼喜歡「閱讀」？

雖然西方教育的理念裡，本身對於孩子們的閱讀能力引導與訓練本就有相當的水準。但是澳洲的人民組成裡，除了早期歐洲的移民外，還包含了近十幾年來，從亞洲及世界各地湧入的移民，這些人因為語言能力的關係，可能原本閱讀風氣不盛，但也包含在之前的統計數據中。

因此，究竟是何種作為，帶動了澳洲全民閱讀的風氣？

澳洲人閱讀風氣的引導，除了有賴於早期西方教育裡對於閱讀的重視與訓練，澳洲政府與全民間各體機構的合作與帶動是相當大的推手。

一九九八年，為了增加澳洲全民的讀寫與數學能力，中央政府與各州政府聯合推動「國家讀寫與數學計劃」，政府編列三十七億澳幣（約台幣一千億）預算，逐年撥給各州政府與各級學校，優先作為各學校購買閱讀書籍與培訓老師專業教學能力之用。

火車上閱讀的民眾

既然白花花的銀子撥款下去，自然要驗收成果。二〇〇八年起，全國性的「國家讀寫與數學測試」開始啟動，每年在同一天的時間，統一針對全國中小學三、五、七、九年級的學生做檢定，結束了各校各自評鑑，標準不一的情況。

當然，國家讀寫與數學測試的執行宗旨在網站上寫得清清楚楚，明明白白，測試的目的，主是為了了解學生的學習狀況，以供師生做為教學與學習改進的參考。

此外，每年的八、九月，澳洲政府會提供獎金，由民間團體主辦「國家文理週」，在當週中選定一日為「國家閱讀日」，由澳洲「語言教育者公會」ALEA(Australia Literacy Educators' s Association)會聯合澳洲「英語教學協會」AATE(Australian Association for the Teaching of English)設計活動，鼓勵教師群帶領學生們參與。

舉例而言，二〇〇九年當週國家閱讀日的活動，就是由前述兩個組織主辦，在九月二日國家閱讀日前夕，邀請全國的教師參加教案設計比賽，獎品是五百本兒童讀物。教案參考的讀本可以是主辦單位在網站上公佈的書籍之一，也可以讓教師自己選擇。雖然是教師的教案設計比賽，但是整體活動設計的精神與方向，是希望，學生、家長、朋友、以及社群環境都能夠參與其中，達到全民閱讀的目標。

火車上閱讀的民眾

澳洲人很清楚的意識到，一個國家國民閱讀習慣的養成，與圖書館這個休閒的好去處絕對脫離不了關係。因此，澳洲的各級地方圖書館，不但在硬體的規劃上費盡巧思，整理的乾淨舒適，兒童閱讀區，活潑生動，在軟體活動的設計上，也頗費心思。

每年的五月，由澳洲圖書館與「資訊協會」發起的「全國同步故事時間」，邀請全國的家長，在當月的同一時間，陪同孩子們到所在社區的圖書館聽故事。二〇〇九年的全國同步故事時間定在五月二十七日的上午十一點鐘，當天的主題是「綿羊Pete(Pete The Sheep)」這本書，該書的作者當日還特地於新南威爾斯州的圖書館與孩子們會面。

除了全國同步故事時間的推動外，各級圖書館本身每週就會固定規劃「故事時間」或「閱讀時間」，邀請父母帶孩子們到圖書館一起聽館員說故事及參與遊戲，並互相討論及分享心得。圖書館也會不定期興辦活動，請著名作家或名人，一同前來與孩子們分享讀本。

此外，不能只照顧孩子，卻偏廢了成年人的權益與輔導。為了貫徹終身學習的理念及加強成人讀寫的訓練，澳洲政府與「福利部門」合作，發展「語言，讀寫與數學計劃」提供十五歲以上六十四歲以下的成年人免費的相關課程訓練，增加閱讀、寫作、與數字的職場能力。

官方制定框架，提供資源，民間主辦各項活動，執行確實。官方與民間緊密且務實的合作，一直是澳洲成功推動各項改革的秘訣。澳洲全民閱讀的風氣，就是這樣在政府各個機關、各級學校單位、教師、家長、學生、圖書館、出版社、作家乃至整個社區密切互動，全體動員的成果。

多功能的社區圖書館

在一個周五的早晨，趁著年休假的空檔，我坐在社區的圖書館中，聚精會神的閱讀一本最新出版的小說。

九點五十分的時候，突然一群各自帶著孩子們的媽咪，三三兩兩的走進圖書館中，僅管她們已經盡量盡量壓低了移動與交談的音量，但突然增加的人口與移動時衣物發出的瑣碎聲音，仍然讓我把目光從書本上移開。

我愣了一下，正疑惑著不知道這群人潮所為而來的時候，旁邊跑出兩個穿著制服的圖書館員，其中的一位館員雙手捧著一個書架，上面架著一本長約五十公分的大本童書，另外一位館員負責搬運一個小黑板，隨著孩子們一起進入圖書館的兒童閱讀區。

我猛地想起，「啊，現在應該是圖書館說故事時間吧！」既然被打斷閱讀的思緒，我索性跟著這群孩子們，一起去聆聽圖書館員說故事去了。

當天的故事主題，是一本書名為「我愛動物(I Love Animals)」的童書，書籍的難度的確剛好適合澳洲三到五歲的孩子們。主講的館員不是女性，而是一名年約四十歲的中年男子，在一邊大聲朗讀童書的同時，還會根據不同的動物種類，專業的模仿出該動物的聲音與動作，吸引著孩子們的目光。而另一個配合的女性館員，則在主講館員模仿動物的同時，迅速在小黑板上依序寫下該動物的名稱。

整場說故事的時間，圍繞著這兩個館員的孩子們，不分膚色，沒有發出一點聲音，全都沉浸在館員抑揚頓挫的故事聲調中。周遭的家長，有的陪伴在孩子的身邊，有的則乾脆坐旁邊的

社區圖書館的兒童區

沙發，看起自己的書本與報紙來。

看著這兩個賣力表演的館員，我不禁感嘆起來，他們認真的態度與專業性，不輸給我當時任教的幼稚園中，許多從事教職的人員啊。

澳洲的社區圖書館，興辦的真的相當出色。

澳洲的社區圖書館，不論建築風格如何的不同，每座圖書館的硬體設計，包括提供民眾查詢的電腦、借還書設備、閱讀的桌椅、討論的空間、成人與兒童的分區、無障礙空間等等，都是應有盡有，設備齊全。澳洲政府對於全國社區圖書館各項硬體方面的投資，確實相當用心。

但我個人認為，澳洲社區圖書館出色的原因，不僅僅在於應有盡有的齊全設備，圖書館內部的管理與規劃，佔有相當大的重要性。

社區圖書館的功能，本身就是要提供民眾使用，因此，館藏的更新與普遍性，絕對是吸引澳洲人頻繁使用圖書館的主因。

澳洲的社區圖書館，館藏不僅僅只包含時下的書籍與報紙，還包含了最新的各種雜誌、音樂CD、電影DVD等等多媒體的內容。館藏的多樣化與普遍性，吸引了社區內各種不同的需求民眾。舉例來說，音樂CD不會只包含古典音樂，從爵士、搖滾、到重金屬等等流行音樂也概括其中。

另外，許多社區的圖書館，因為該地的種族分佈，甚至會提供華語、韓語、日語、或西臘語等第二語言的雜誌、書籍、DVD等等，我自己本人就曾經在當地圖書館借過小哥(費玉清)的CD回家欣賞，充分表現出澳洲多元文化的特色。

除了成人區的典藏豐富與多元外，兒童區的規劃往往是讓許多人眼睛為之一亮的好地方。

放學後到圖書館找書的小學生

社區圖書館中的兒童區，不但自成一個體系，有關兒童相關的童書、繪本、CD、DVD、甚至是遊戲區等等，典藏豐富的程度，一點都不輸給成人使用的專區。此外，舒適的沙發與牆壁上色彩鮮豔的壁畫，將社區圖書館的兒童區，打造成親子同樂的好地方。

社區圖書館本身興辦的各項活動，是社區圖書館親民的另一個原因。除了上述所提及的說故事時間，家長們會踴躍的帶子女參與外，每當有各種新書上市時，館方也會舉辦小型的書展，或是邀請作家來館興辦各種活動，帶動民眾的閱讀氣氛。圖書館也常與學校合作，常態性的辦理各種與閱讀及學習相關的活動，鼓勵孩子們閱讀，而教師群也會設計各種與圖書館互動的課程，讓課程與教學更生活化。澳洲全民閱讀的氛圍，就是從社區圖書館開始紮根。

此外，對於與多因為失能或行動不便的人士，是否就與圖書館絕緣呢？答案是否定的。許多社區圖書館都能提供「提供到府」的送書服務。

不論是作為一個教者、或是一個母親、或只僅僅居住在澳洲，你會驚訝的發現，多元而豐富的生活，似乎離不開社區圖書館。

CHAPTER 03

幼兒園教育。

幼稚園長，專業經理人

澳洲的幼稚園長，像極了專業的經理人。

這樣子的說法，並不是無的放矢，而是因為幼兒教育與社會福利制度的結合，讓澳洲幼稚園園長的工作，必須同時具備幼教專業、組織能力、邏輯能力。

澳洲的幼兒教育，未納入國家的義務教育之內，仍然需要繳費。但是因為社會福利的政策，澳洲幼稚園的收費，政府會根據每個家庭的收入不同，而給予不同的費用補助。補助的費用，是以天數與費用的百分比來計算。通常年所得較高的家庭，補助的比較少，而年所得較低的家庭，最高可以補助到一週五天與百分之百的費用。同時，每間幼稚園的電腦繳費系統，直接與政府的社會福利部門連線，隨時會反應更新每個學童所應繳的費用。

這樣的目的，正是貫徹澳洲教育「以人為本」與「平等」的精神，讓每個小孩子，不分家庭，都有受教育的機會與權利。同時，也讓收入不足的家長，在花費大量的時間與精力尋找工作的同時，能夠無後顧之憂。

此外，許多的家長，或想要在上小學前自己教養小孩，或是因為政府補助的天數不滿五天，不同家庭的小孩，在幼稚園的上課天數是完全不同的。有的小孩是一週只來幼稚園兩天、有的小孩是一週三天，或四天，或五天，完全不一樣。

澳洲的幼兒教育，雖然不是義務教育，卻是跟社會福利政策連動性最高的階段教育。

□ 幼兒教育的教改

除了每個幼兒來學校的天數與時間長短不一外，澳洲政府對於每間教室的師生比，有非常嚴格的限制。因為在寫此篇文章的同時，正逢澳洲昆士蘭州幼兒教育的教改，因此我以二〇一二至二〇二〇年即將實施的新政來說明。

(1) 師生比

一般而言，從出生到二十四個月大的幼兒，師生比為一比四；出生二十五個月大的幼兒到三十五個月大的幼兒，師生比為一比五；三十六個月大的幼兒到學齡前的幼兒，師生比為一比十一。此外，針對混齡的班級或是其它活動的師生比規範，比如戶外教學的師生比限制，各種能想到的情況，政府都有詳列出相當清楚的規範。

(2) 師資

師資方面，澳洲政府對於幼稚園的師資規定，也是隨著教改日趨嚴格。舉例來說，每個澳洲的幼稚園員工，至少都要有幼教方面的證書以上的學歷，所有員工加總起來，至少要有一半的員工有幼教方面文憑以上的學歷，而園內大大小小的各種服務或活動，都至少要有一位老師（擁有幼教專業的大學學位）參與。上述的規定，小至家庭式的托兒所，大到股票上市上櫃的連鎖幼稚園，一併遵照辦理。

可以想見，每個幼兒來學校的天數不同，非常有彈性，造福了無數澳洲社會的家長們，但是政府對於個別班級師生比的規範與執行，又相當清楚且嚴格。這兩種巨大的反差，讓幼稚園的經營管理，光是在分班、混齡教學、以及師資的調派上就是一項很大的挑戰。加上幼兒本身容易生病，過敏，偶爾來點情緒的問題，與爸媽撒嬌不去學校等等。此外，學校的工作人員，每周固定的時間就是三七點五至三十八個小時，加班要付加班費，請員工開會也要付費，辦活動不小心超過一小時也要付費。

這些因素，每一天都在考驗園長的管理與組織能力。園長必需謹慎的運用有限的資源，讓學校運作有條有理。這工作，像極了高中數學裡的排列組合。因此，當我初次接觸到澳洲幼稚園的經營工作時，我深深體會到，原來中學時代，學校內數學科目所教的排列組合訓練，是非常有幫助的。

面對多元文化下家長與課程方案的設計，是園長工作的另一個挑戰。澳洲的幼稚園，因為移民政策的關係，有來自世界兩百多個國家的移民小孩，不同的文化再加上每個幼兒來學校的天數不同，每個幼兒的學習程度必定會有所差異。因此，幼稚園園長所編寫的「課程綱要」就顯得極為重要，因為那不但是每個班級老師規劃課程內容與設計教案的基礎，更是不同文化的小朋友，踏入澳洲教育的第一道窗口。

幼稚園沒有指定的課本，課程設計是以一個又一個的主題遊戲帶領孩子們探索，從探索中學習生活中的知識。課程內容由一個又一個的主題遊戲與活動組合而成，這樣子的教學方法，不但活潑有趣，能夠兼顧不同文化的小朋友，許多課程在設計時，本身就已經埋入幫助園區與家長互動的因子。

澳洲的家長，在與學校的互動上，配合度也相當高。學生們會把每天做的學習成果，可能是一個紙皇冠、一張圖畫、或一個小手工藝品，帶回家中與家長分享。而教學材料，往往都是老師群自己在課餘所收集的舊報紙、廣告傳單、衛生紙的紙捲筒等等。資源回收與廢物利用，從澳洲幼兒教育開始，就已經落實在日常生活當中。

許多大大小小的教學活動，例如野生動物秀（Wildlife），家長們也都很樂意一起來學校與孩子們參與。藉著學校與家長間良好的互動，校方也解決了不少剛入幼稚園不適應的小朋友的適應問題。

與社會福利政策的緊密結合以及面對多元文化的挑戰，讓澳洲的園長工作，更像是一個公司的專業經理人，不但必需具有幼教專業，在經營管理上，更需要組織能力與邏輯能力。因此，澳洲的園長工作，始終是澳洲移民局技術移民管理階層組的緊缺名單榜首。然而，每當我與幼稚園園長聊天時，他們總會跟我說，儘管工作繁忙，壓力沉重，每當看到孩子們自由自在的在學校裡「玩」得快樂，臉上自然流露出的滿足，一顆心也不禁溫暖起來。■

幼稚園裡開心玩樂的孩子們

教室裡有鱷魚

澳洲有許多動物園與專門經營動物表演秀的公司，提供各式各樣的動物表演給學生們，這些動物表演被規劃各種豐富的教育課程，協助孩子們更了解澳洲的環境與動物。

這個行業裡有一個世界著名的動物專家，對動物有興趣的家長或孩子們，多多少少都會聽過這個知名人物，他是鱷魚先生—史帝夫．厄文（註❶）。史帝夫．厄文不但以動物保育專家的身份聞名國際，還曾經是澳洲二〇〇四年的年度人物，同時也曾被美國新聞列為星期人物報導。這種與動物表演和飼養相關的產業，在澳洲可說是辦的非常有聲有色，橫跨了環境保育、教育、以及媒體表演等不同產業。

此外，這些產業提供的服務也是琳瑯滿目、五花八門。有提供給公司行號宴會的表演秀；有專為生日宴會打造的各種活動；有開設保育方面的訓練課程；有販賣保育相關的商品；動物攝影等等。當然，其中最受歡迎的，還是提供給各級學校學生的動物秀及野生探索課程。

動物產業在澳洲如此成功，與澳洲教育對於環境與動物的重視有很大的關係。

動物與環境的關係，從幼兒教育就已經開始。在澳洲的幼稚園裡，孩子們最喜歡的主題課程之一，就是野生動物秀。幼稚園的野生動物秀，不是帶領孩子到園區講解與參訪，而是由這些野生動物公司籌劃，帶著動物到園區裡讓孩子們認識。有些幼稚園對這樣的課程會另外收費，通常是五到十澳幣不等，家長們可以選擇參加或不參加，但一般而言，家長們會很樂意讓孩子們參加這類型的課程。

課程中動物的種類與內容不一定，比較專業的幼稚園和公司，當週會依課綱的內容來設計

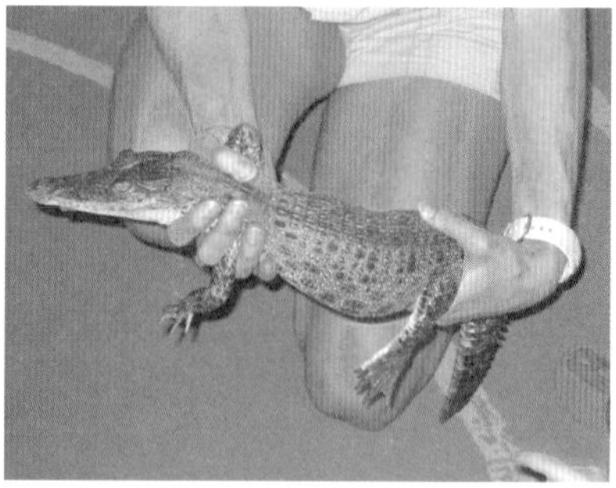

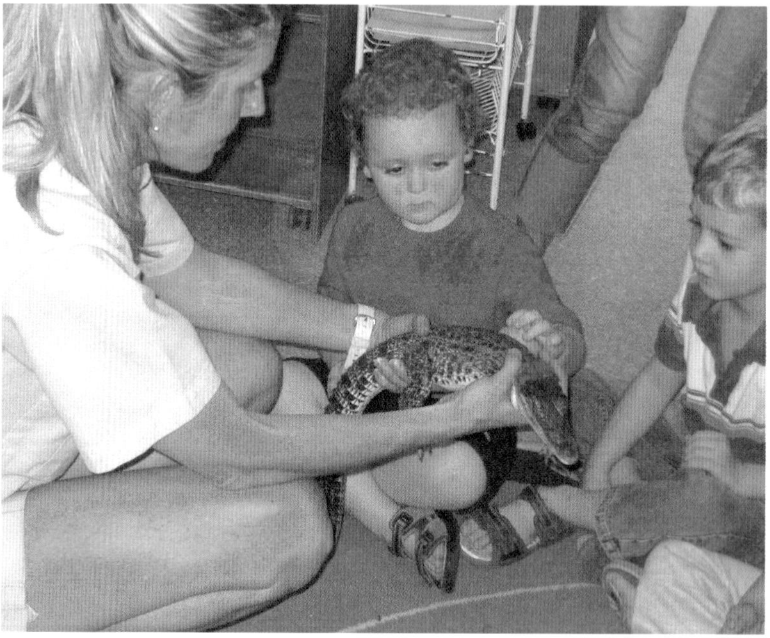

蟒蛇也是主角之一

孩子們充滿好奇的觸摸鱷魚

孩子聚精會神的神情

適合的課程，大體上常見的動物有小馬、棉羊、蜥蜴、變色龍、鱷魚、貓頭鷹、澳洲袋貂、蟒蛇等等。隨著動物的不同，表演的內容當然也不一樣，一般而言，幼稚園的動物秀，主要重點是希望小孩們能夠透過實地的觀察與觸摸，讓幼稚園的小朋友們認識動物。因此，不管是大大小小的動物，動物專家們會鼓勵孩子們大膽的去「觸摸」所帶來的動物。

我很喜歡看著那些來訪的動物專家們，帶著專業的佈置場景，俐落的擺好裝著動物的箱子，再小心翼翼的拿出一隻又一隻的動物，讓孩子們觀察與觸摸。當孩子們看到新奇的動物時，那一剎那間散發出的表情，充滿驚奇，又帶點畏縮，那臉上充滿好奇又帶點滿足的表情，常常會惹得教師群及專家們會心一笑。我常常在想，這些動物專家們想必也很喜歡孩子吧。

年紀比較大的班級，或是中小學的課程規劃內容，動物公司們會加入較多的講解課程，但是每種動物的講解不會太長，內容必須視年級而定。舉「鱷魚」這個主題為例，當專家們將鱷魚從飼養槽小心翼翼的抓出來，在輪流給孩子們觸摸前，動物專家會先將鱷魚的名稱、種類、出生、牙齒等簡單的知識的作個介紹，再依序讓孩子們觸摸。孩子們藉著這樣的活動，實際的認識了好多種動物。

一般而言，除了鱷魚以外，蟒蛇是另一種讓孩子們又愛又怕的動物。專家們不但會依序讓孩子們觸摸蟒蛇身體的表面，還會藉機宣導蛇類動物的習性與危險，讓孩子們認識動物的同時，也上了一堂風險課程。

也許有人認為，把鱷魚和蟒蛇等危險動物帶到幼稚園內讓小孩們認識，這樣不但危險，也實在是太大費周章，甚致認為，以現在發達的資訊，影像傳輸的技術與精美的圖片不就能提供更方便的教學方式嗎？

對於這個觀點，我們有不同的看法。

澳洲是一個生物遍地的國家，即使是在個人的家庭後院，蛇類與蜥蜴等動物的出現其實是很普遍的事。既然實際的接觸、感動、好奇、色彩、音樂等等要素，都能有利於孩子們對事物加深印象與學習，因此如果只是簡單的貼貼標語，用嘴巴宣導宣導，實在不如在課堂裡，讓孩子們實際接觸到這些動物，並確實了解這些動物的習性，來的更有效率與實際。

畢竟，教育的目的，不正是讓孩子們正確的認識這個真實的世界嗎？與其只是用圖片與書本，一昧的警告孩子們「小心，有蛇！」為什麼不讓孩子們，藉著對實際蛇類的接觸，去除對蛇類動物的恐懼，了解正確的應對進退與知識？■

註❶：史帝夫・厄文本身是一個環保人士與電視節目主持人。他最廣為人知的電視節目，就是與美國籍妻子一起主持的「鱷魚拍檔」，這也是他的外號鱷魚先生的由來。這是一個非傳統的動物紀錄片節目。史帝夫・厄文在節目中誇張、滑稽的主持和對待動物的方式，使他成為國際上知名的人物，美國新聞還將他列為星期人物報導。儘管他的個人風格不受澳洲人重視，但帶有濃厚的澳洲英語口音，廣大的知名度，使得他成為澳洲的代表之一。在他去世時，澳洲總理霍華德對他的死表示震驚和哀痛，更於新聞採訪上發表言論追念他，新聞更以「深遠地影響澳洲的一代」做評價。他生前在昆士蘭畢爾瓦經營澳洲動物園（Australia Zoo）。

史帝夫・厄文也創建了「史帝夫・厄文保育基金」，之後更名 「全球野生動植物戰士」。（引自維基百科）

幼稚園的小雞農場

澳洲的教育，不使用課本的習慣，從幼稚園就已經開始，藉著生活中經驗與課程的融合，讓不用課本的風氣變得普及。有許多課程，是由生活中其它的行業提供活動，由教師設計教材，帶領孩子們探索實際生活的各種知識。

動物與農場，是澳洲幼稚園常見的主題。我認識幾家相當用心經營的幼稚園，業主甚至會在自己的幼稚園旁，蓋了一個馬廄與羊圈。這是為了配合園區對孩子們的教育，讓孩子從認識小馬與小羊開始，觀察其出生與成長的過程。或是透過學習小馬與小羊的生活習性，按部就班的讓將生活知識融入課程活動當中。

當然，對於一般的幼稚園，蓋個馬廄或羊圈並不切實際，但在幼稚園中設立一個簡單的小雞農場，在澳洲卻是十分常見的，很多家長自己也會買些小雞回去，在後院設立一個小農場。

設立小雞農場的時間一般來說是兩周，小雞與一些設備會由養雞農場提供，專門用來提供學校教學用。著名的公司Henny Penny Hatching (*http://www.hennypennyhatching.com.au*)就是一個很好的例子。

在當周的課程裡，雖然主題相同，但各班的課程是截然不同的，各班教師仍得針對自己班級的孩子們，設計班上自行的課程與活動內容。

舉例來說，年齡比較大的孩子們，因為已經準備上小學了，因此除了讓孩子們實際觀看小雞從蛋裡孵化的過程外，認真的教師還會自己設計教材，從小雞破殼之初，絨毛仍是濕淋淋的階段開始，歷經羽毛漸豐、成長為母雞、母雞體內生蛋、蛋的孵化等等一系列的過程，一一的介紹給孩子們。也可以藉著帶領孩子們對蛋殼彩繪的過程，藉機簡單的介紹蛋的構成。

整體課程規劃的原則，仍是要回到根本，根據孩子們當下的年齡與能力「因材施教」。

其實同一個主題的課程，教師可以設計的很用心，當然也可以「很混」。我必須承認在幼稚園裡，並不是每一個教師都能如此的用心在孩子們身上。不過整體看來，因為制度規範的嚴謹與執行確實，澳洲的幼稚園素質仍是相當平均與優質的。

讓孩子們在遊戲與活動中學習，一直是澳洲在幼兒教育面所堅持的精神。在澳洲，動物可以說是隨地可見，因此孩子們從幼稚園起，就有機會實地接觸各式各樣的動物，這絕對是生活即教育最良好的典範。

孩子們從小就有機會在課堂上，從實際生活中的事物去學習、觸摸、接觸，自然而然在歷經中小學、職業教育、甚至是高等教育的過程中，藉著接觸新的事物，進而培養出啟發、思考、與創造的能力，再而對我們生活周遭的環境與動物，產生理解與認同。

此外，對我來說，小雞農場最精采的地方，不僅僅在於能讓孩子們在教室裡實際接觸到各種事物，而是在於它背後所隱藏的意涵。因為對於教育的重視，你會發現澳洲的各個產業，努力的將各自繁複的專業，化為簡單的課程，落實在孩子們的教育中。

而且，在課堂上實際接觸各種事物，不僅讓孩子們印象更為深刻，因為需求的增加，同時也帶動了相關產業的興盛與發達。產業結合教育，這不就是澳洲教育最大的特色之一嗎？■

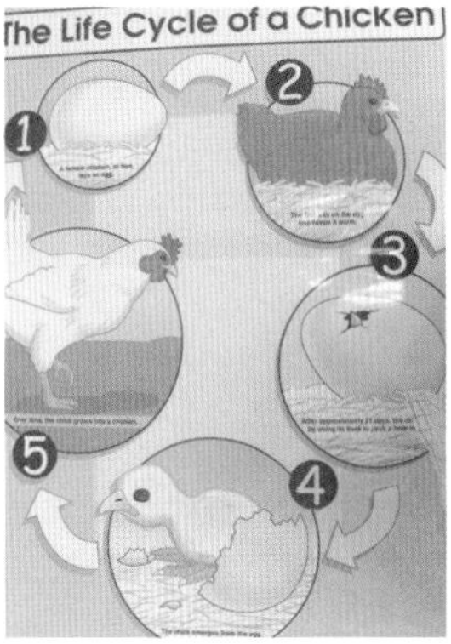

↗ 配合上課用的海報

↗ 雞的生命週期

↑ 孩子們興緻勃勃的看著小雞

捧著小雞的幼稚園學生

不只是遊戲

這十幾年來，我自己親身任教過澳洲許多不同的學區。許多澳洲教育理念施行的過程，對我來說，只管確確實實的去執行就對了，從來沒有想過澳洲的幼兒教育，到底有什麼特色？為什麼要這樣做？

記得，有一次在幼稚園同事的生日宴會上，一個來自新南威爾斯州的礦區工程師，笑著對著我們這群初出社會的年輕老師說：「我真羨慕妳們，工作真輕鬆，每天的工作就是陪陪小孩，玩玩遊戲。」這句話馬上引起現場一群幼教老師的嘩然，大家紛紛搶著發言，反駁這位年輕工程師的論點。

我雖然沒有插嘴反駁，但是這件事情，在我的腦海裡留下非常深刻的印象。

幼稚園的教育，只是陪小孩玩玩遊戲嗎？

對於這個論點，我有不同的看法。

澳洲的幼稚園，大都是平凡且樸素的平房，沒有富麗堂皇的城堡。大多的園區，都是座落在林地與綠蔭中間。簡單甚至帶點年紀的平房，因為兒童安全的考量，建築的材料也都是以木材搭配安全塑膠為主。

因為政府對於幼稚園的硬體設施，規範嚴格，審查嚴謹，家長甚少對於園區的硬體有意見或想法。我曾經任教過的一個幼稚園，遭到政府警告一次，原因是，以該園區的學生數與所需馬桶來計算比例，教室旁的馬桶少了一個。審查之嚴謹，由此可見。因此澳洲幼稚園的經營管理，不需要在硬體上花費太多心思，因為規範清楚，執行確實，所以政府的規範書怎麼寫，照作就對了。而且，我衷心的相信，沒有任何一個幼教業的投資者會因為一個馬桶而冒著被停牌的風險吧。

因此，澳洲幼稚園間在硬體與設備的比較上，差異不大。家長在幼稚園的選擇上，除了地域性的考量外，園區課程專業性的考量，往往佔了大多數。許多家長進入園區，第一個想了解的問題，通常是該園的課程方案。而園長與教師群，大部份的精力，也都是集中在課程方案的設計與教案的施行。

政府定時會針對幼稚園做評比，評比高的幼稚園，可以每隔兩年至三年才評比一次。而對於評比不通過的幼稚園呢？政府會不斷去檢查，直到評比通過為止。政府的評比，目的是為了讓園區知道自己需要改進的地方，提供園區與幼教人員日後成長的方向與空間。

幼稚園裡的小孩們，上課的確就像遊戲一樣。「寓教於樂」這四個字，在澳洲的幼稚園，是說到，也做到。而幼稚園的小孩們，能否真正於遊戲裡成長茁壯，課程方案的設計與教師的執行經驗，佔有相當大的主導地位。

澳洲幼稚園採用主題式教學，和中小學的課程方案有很大的不同，因為幼稚園不像中小學，一年劃分為四學期，因此幼稚園的課程方案，在時間上更具有彈性。一個課程方案的設計，從四個禮拜到八個禮拜不等，依主題的不同會有所不同。

➡ 整潔的洗手間

➡ 孩子們分組討論

↑ 幼稚園的教室

← 快樂的幼稚園孩子們

一個課程方案設計好後，再由教師根據課程方案自由去設計每週的教學內容，我們稱之為教學方案。這些教學方案，往往是由一個又一個的小遊戲組成，目的就是讓這些孩子，在遊戲之餘，能更有組織與效律的學習。

教學方案的主題，大都取自澳洲生活週遭的環境，澳洲教育中「職業平等」與「多元」的特色，從這個時候起就開始紮根。宇宙天文、澳洲野生動植物、地質火山、交通安全、消防知識，各種節慶、甚至社會上各種職業的介紹，都可以進入幼稚園的教學主題。

不同的教學主題，教學材料大都取自日常生活中。

舉個簡單的例子來說，當我在撰寫本書的同時，我所任教班級的教學主題正好與「耶誕節」相關，這個主題為期四週。在這短短的四個禮拜，我設計了各種遊戲與活動，目的是希望讓孩子們能夠認識「耶誕節」這個節日。遊戲或活動所需的教學道具，除了樹林內滿地免費的松果與植物外，大都由各大超級市場的廣告文宣所製作而成，遊戲裡的歌曲，則是由社區圖書館借出來的。因此，每天從園區離開後，我還得花一至二個小時的時間，在各大超級市場中穿梭，搜集隔天所需要的教材，並於當晚完成隔天所需要的教材。

除了透過遊戲讓孩子們在課堂上學習外，老師與助理群還必須記錄下所有孩子們的生活反應與行為，做為隔天或下周調整教學方案的參考。有充份詳實的記錄，班級的老師才能因應學生的反應與程度，設計更適合學生的教材，期能達到「因材施教」的目標。

我常常跟朋友打趣，這樣子的幼稚園工作，像極了設計網路遊戲的公司。網路遊戲公司設計線上遊戲給廣大的遊戲迷，而幼稚園則是設計遊戲讓小孩實際操作；網路遊戲公司的專案經理要寫專案計劃書，幼稚園的園長要編寫課程方案；專案裡的程式設計師要根據專案計劃書設計程式，幼稚園的教師一樣要根據課程方案設計自己班上每週的教學方案。

因此，澳洲的幼稚園之間，沒有過多的標語廣告，與互相的批評與惡競。**幼稚園間的競爭與比較，是建立在幼教工作者的專業上**。從來沒有一間幼稚園，會打著不實或誇大的標語，讓孩子們淪為園區互相比較的工具。沒有，也不敢。

這樣以遊戲作為導引的教育模式，讓孩子們寓教於樂，從遊戲中學到生活中的各種知識。這樣子的教育環境，其實是建立在政府教育部門審查嚴格且紮實、清楚且詳細的規範、以及所有幼教人員在課程專業上深思竭慮的規劃與執行。這些隱藏在孩子們歡笑後的努力，讓我深信澳洲幼稚園的工作，不只是遊戲。■

臉上塗滿顏料的諾瓦

幼兒教育，處處用心

澳洲除了「坐在礦車上的國家」與「騎在羊背上的國家」等等外號外，澳洲擁有另一個為世人所矚目，確不一定為人所知的外號——「老人與小孩的天堂」。這個不一定為眾人所知的外號，揭露出澳洲對於老年人與小孩的態度，是如何的重視與關懷。

撇開老人方面的福利暫且不提，令人納悶的是，一個如此重視孩子們的國家，得以讓孩子們從小一到高中學費得以全免的國家(指公立學校而言)，為什麼並不將幼兒教育納入國家義務教育之內？這點是我在幼稚園工作時，常被許多家長問到的問題。

澳洲沒有將幼兒教育納入義務教育內，並不是因為國家不重視幼兒教育，而是因為澳洲的教育界認為，幼兒時期是人格與各種基本能力奠定的萌芽時期，因此在幼兒的這段期間，父母的鼓勵與陪伴，對孩子們往後的發展，佔有相當大的影響。

仔細體會澳洲政府對於孩子們權益的各種相關措施，從社會福利、稅務制度、教育體制、國家硬體環境等等各種制度的設計中，實在不難觀察出澳洲這個國家，整體社會對幼兒教育的用心。這也是為什麼我曾經提及，澳洲的幼兒教育，可以說是各個教育階段中，與社會福利連動最深的教育。

從社會福利與稅務體制方面來看，如果夫妻雙方有一位選擇不外出工作，在家照顧年幼子女，那位沒有工作的家長，在最小的孩子六歲前，可以選擇領取每月將近澳幣八百多元的補貼(相當於台幣二萬多元)，同時，另一項協助家庭的補貼，也會根據家庭主要工作者的收入多寡以及孩子數的多寡，略為調整。

↑ 免費的親子週刊與月刊，編輯相當用心

↙ 幼稚園的教室佈告欄

比照起另一個收入類似的雙薪家庭，因為夫妻雙方都有工作，沒有補貼，繳稅的稅率又相當的高，因此一增一減下來，薪水等級相近的家庭，雙薪家庭與單薪家庭的收入差距，似乎就不是那麼高了，如此一來，許多雙薪家庭的家長，尤其是子女人數多的家庭，會寧可選在孩子們六歲前，自己在家教育孩子。

完整的社會福利與高稅率的體制，讓許多家長選擇在小學之前，自己在家中教育孩子們，無形中也帶動許多家庭式幼稚園的盛行。值得一提的是，澳洲對於這些家庭式幼稚園的監管，一點都不會因機構規模大小而有任何的鬆懈與疏漏。

多大的土地能收多少孩子？安全措施足不足夠？照料者是否有合格的證照？準備食物的人員是否有衛生相關的專業？以上等等標準，都在政府出版物中規範的鉅細靡遺。此外，監管機構，也絕不會因為家庭式幼稚園人數少，就有任何監管上的疏漏。

此外，澳洲國家各種公私立的軟硬體，設計的各種考量也絕對不會遺忘掉孩子們的權益。這也提供了許多在家教育或是家庭式幼稚園的孩子們，一個受教育的好去處。公立圖書館的說故事時間，孩子們看著館員賣力的表演、大小博物館中生動的解說講解、動物園裡各種寓教於樂的教育活動、在加上植物園，公園、農場、牧場、果園等等，澳洲，處處可見能夠提供孩子們寓教於樂的地方。

最難能可貴的是，許多免費的出版物。舉例來說，在澳洲昆士蘭州的州立圖書館，每周免費的育兒周刊，是傑若米和我每週必讀的雜誌，其專業性與精美的程度，一點都不輸給坊間出版的育兒書籍與雜誌，更新的速度與資訊更是尤有過之，這本雜誌每個禮拜提供社區的家長們許多正確的教養觀念，以及當地可供孩子們參加的活動以及去處。當然，不乏各種與孩子們相關的廣告。

各種與孩子們相關的制度、硬體、軟體的交相貫穿下，組成了一面綿細的幼兒教育網。因此，在澳洲，每每提到幼兒教育，似乎總是說不完的話題，與考慮不完的細節。澳洲對於孩子們的教育，真的可以說是無微不至，面面俱到，也因此，在這個環境下長大的孩子們，自然又能將這種對孩子們的關懷，持續保持下去，整個社會，洋溢著對孩子們濃濃的關懷。

猜猜看，在二〇〇八年，整個澳洲演藝界的收入排行榜，高居榜首的是什麼團體？不是演唱愛情歌曲的玉女明星、不是拍肥皂劇的演員、也不是動作武打明星，而是一個由四個大男人組成，專門演唱兒童歌曲的兒童音樂團體—The Wiggles（註❶）。■

註❶：The Wiggles是澳洲最著名的兒童音樂團體，從創立至今，始終保持由四個成年男性組成，目前成員分別為一九六三年出生的Anthony Field，一九六零年出生的Murray Cook，一九五三年出生的Jeffrey Wayne，以及一九七八年出生的Sam Moran，在澳洲是家喻戶曉的兒童音樂團體，作品相當具有教育意義。

CHAPTER 04

澳洲中小學。

為什麼不用教科書？

澳洲中小學，即使中學後有些學校會針對特定科目指定教科書，教師也不會一本課本從頭上到尾，而是會整合不同的教學資源，編成適合學生程度的講義來教導孩子們。會造成這樣子的原因，追根究底，不僅僅是因為教師在學校的訓練紮實，澳洲中小學彈性的課程規劃是主因。

澳洲中小學的課程規劃，有一個很務實的特色，我們稱之為整合性課程（Integrated Course）。所謂整合性課程的規劃，其實就是在單一學習領域的課程規劃中，將相關的學習領域整合進去。

舉個簡單例子來說吧，數學課的三角函數，課程的規劃不會只是單純的由教師在台上講解完公式與範例後，發放幾題作業給學生回去練習，而是教師先在一堂課裡教導基本的公式與概念後，利用作業或交報告的方式，引導學生充分懂得計算機與電腦軟體中的函數概念後，練習用測量儀器作一份實際丈量建築物的報告。整個課程下來，學生不只會接觸到數學學習領域的學習，還會實際操作到科技學習領域的科技產品運用，包括計算機、電腦軟體、繪圖軟體、照相機等等。

再另外舉一個簡單的例子，英文課上課的方式，也可以與自然科學的課程整合規劃。在一次以雪的形成為主題的英語課堂，教師上課的方式是請大家用黏土及棉花做一個下雪天的勞作。從水、冰、雪的分類到各自形成的自然現象，透過勞作表現的淋漓盡致，再請學生分組練習寫一個相關的報告，透過報告與上台練習孩子們的寫作與說的能力。學生不但透過該課程學習到了英語正確的文法、寫作能力、說的能力，還增加了對自然科學的了解與認識。

整合課程實施的方式，是先由政府在澳洲國家課程綱領或各州的課綱中初步界定，再由各級學校編寫教綱，規劃出更為明確的課程。

通常整合課程的概念，在小學教育裡應用的相當頻繁，因為小學的教育本身就是以通識教育為主，一個小學教師本身，就常常身兼多個專長。一個教英文的小學教師，可能同時就身兼社會科學或科學等專長，因此在小學的整合課程，除了學校教綱的規範外，教師自己的彈性本身就相當高，教師能自主的設計課程。

中學後因為有分科與專業的考量，許多整合課程的規劃概念，除了會融入出版社的教科書中，供學校教師使用參考外，大部份的整合課程，主要是由校方在教綱裡規劃。

此外，同一間學校中不同年級的教師，對於參考的教科書，不一定會是同一家出版社，許多高中在參考教科書的選擇上，十一年級與十二年級的數學參考書常常是來自不同的出版社，卻又完全不擔心銜接的問題。造成這樣的原因，還是因為整合課程的需要，讓教師必須選取內容適合的教科書，而不是遷就教科書的章節，一本教到底。這樣子的作法，讓第一線的教師，對於教學的內容與教科書的選擇，永遠都有最高的發言權。

仔細觀察澳洲整合課程的規劃，的確運用了不同的方法與與多元的模式，引導孩子們從興趣中了解不同學科與學習領域的內容，讓整個教學過程，能更務實的貼近日常生活，當然也更合乎人性。

這樣子的整合教育，讓學生在人生的初階段，所接觸到的知識，完全是一個「面」，而不僅僅只是單一的「點」或「線」。如此，孩子們有機會在各個面向的學習領域中間，找到知識

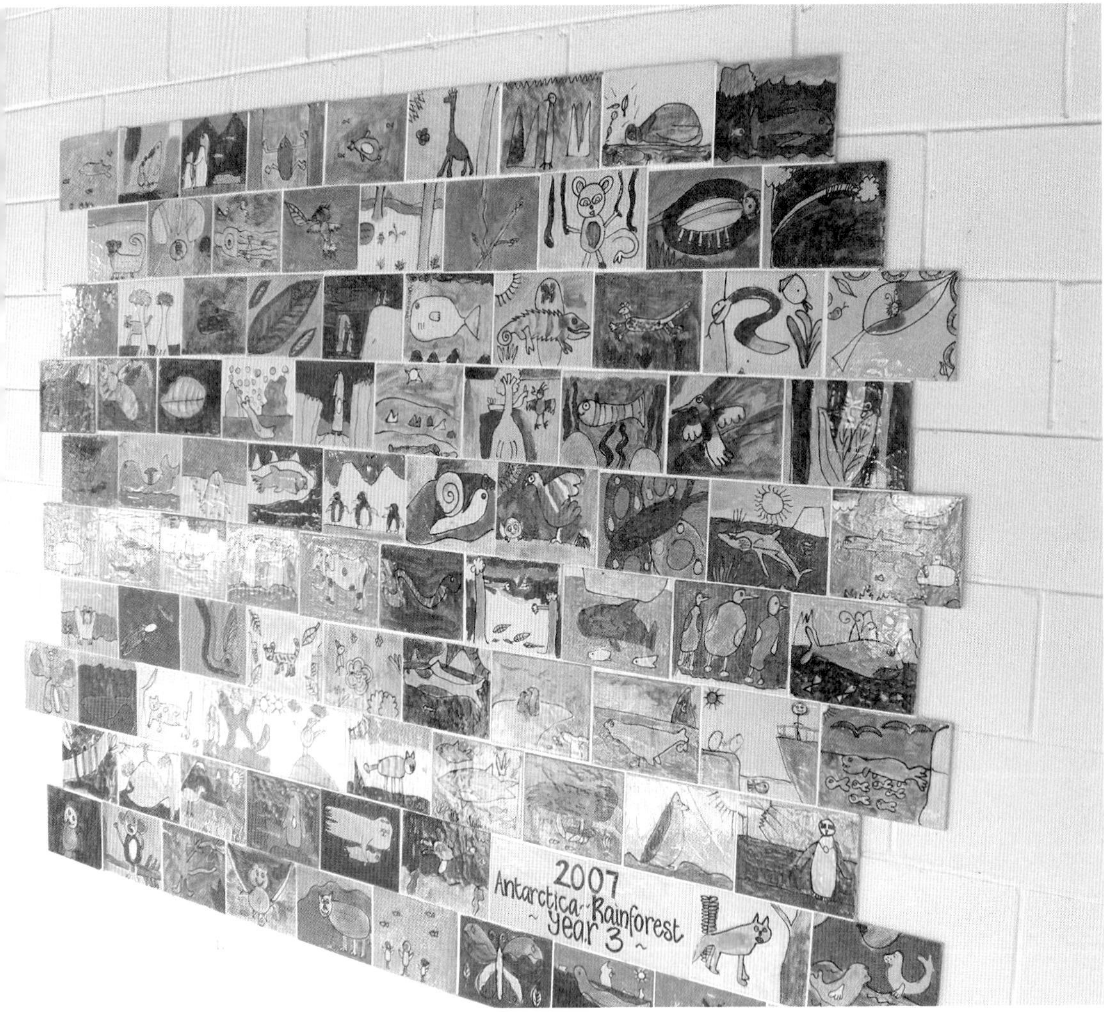

學生親手彩繪的壁畫

的脈絡，並進而接觸、探索、經歷、實作，終能對我們的日常生活與周遭的環境，有更多元與深入的了解。

因此，並不是澳洲的教師不愛用教科書，而是如此整合不同學習領域的課程規劃方式，讓澳洲的教師，根本就沒有辦法只單單用一本教科書，就從開頭上到結尾。澳洲的教師們總是必須仔細的思考，如何用生活周遭如此多樣化的元素，整合成最適合學生的課程。如此兼具彈性與實用的課程規劃方式，所需要的教學資源與材料，是多多益善，永遠不會有足夠的時候。■

家長參與小學課堂

澳洲的的小學，承襲幼稚園的建築物風格，大都坐落在林蔭間的平房。學校的設計，大都沒有圍牆，屬於開放式校園。有些學校會因為學生安全的因素，設立柵欄或安全鐵網，目的是為了防止學生因為活動或撿球等等因素，不慎跑出馬路，基本上設置圍欄的原因是為了保護，而不是隔閡。值得一提的是，不只實體建築設計的與社區沒有隔閡，連校方與家長的互動，因為透過家長對於課程的參與，讓學校與家長之間，同樣沒有圍籬的存在。

低年級的班級，每班大約二十二名學生，中年級以上大約二十五至二十八個學生左右。也許這樣子的學生數被亞洲許多國家的小學教師聽到，一定會大呼：「哇！學生怎麼這麼少。」並以為澳洲的小學教師相當的輕鬆。

但是實際上，在澳洲的教師的思維裡，一個班級二十多個學生已經算是人數相當多，甚至會大感吃力了。造成這樣差異的原因，在於澳洲小學的教育方式，不同於亞洲一些國家所採用「口令與動作」的教育方式，而是採用強調分組、互動、討論的「探索式教學」以及「區別式教學 (differentiated teaching)」。

探索式教學強調的互動，不僅僅只是課堂上師生的討論，當然也包括家長與校方的溝通，或是教師與家長間的合作。因此，校方與家長間的關係，絕對不會僅僅只是透過家長會的間接溝通，或由校方辦辦幾場座談會，讓家長來學校大談己見，發發怨氣後，就草草結束，許多意見最後仍是不了了之。

小學生的彩繪作品

由家長到課堂上實際參與教學，是開啟校方與家長間溝通的好方法。在澳洲的小學裡，教師邀請家長到課堂上參與課程是一件很普遍的事。

「家長在課堂裡參與學習，不會影響學生上課嗎？」當然不會。因為如何專業的引領家長們協助教師在課堂上的教學，本身就是教師在大學裡所受的專業訓練之一。家長們在課堂上，可並不是純粹的坐在一旁，觀摩教師上課，而是由教師主導，家長協助，讓家長可以實際參與教師的教學活動中，整場教學的過程下來，家長們的定位反而比較像一個「助教」。

舉個實際的課程來說吧，小學的閱讀課，是教師常常邀請家長來課堂上參與的課程之一。在入學之初，澳洲校方會對學生作各項能力的評鑑，其中就包括一系列對閱讀能力的衡量，評鑑的目的不是比較或分班，主是提供數據讓教師參考，以便根據學生不同的程度設計適合的教學模式以及執行閱讀教學計畫。

因為不會根據學生的程度分班，因此儘管是同一個班級，來自不同家庭背景的學生，閱讀能力定會有所落差，在上閱讀課的同時，教師最常採用的方法是在班上依不同的閱讀能力分組，每組給予相應能力的書本閱讀，以一個二十多個學生左右的班級，大至可以分成四至五組左右。

松林中的開放式小學

在學期初，先對任教的班級程度有所了解後，教師會開始根據所分的組別選擇適合的書籍與設計活動，課程內容完全由教師的創意而定，教師會鼓勵學生們用話劇、表演、繪畫、勞作、唱遊等等活動展現出閱讀的內容。由於閱讀課的課程內容通常相當活潑，因此在分成三至四組的班上，如果能有兩到三位家長能參與課堂，陪同孩子們參與活動，對於教師不但是一大助力，孩子們有家長在協助帶領活動，課程通常都能進行的更順利。這樣子的上課方式，特別以小學低年級更受家長歡迎，因為國小一或二年級的學生，剛從幼稚園升上來不久，仍然有許多的學生會有適應的問題，許多課程有家長在旁參與，對於學生安全感的建立與學習都有很大的幫助。

因此，在學期初設計好課程大綱後，教師們通常會同時訂出需要家長協助的時間，寫一張正式的小卡片函請家長協助。如果家長報名人數非常踴躍，那教師會與家長們協商用輪流排班的方式來進行；但如果該任課教師運氣很好，所任教的班級學生家長個個都是位高權重，分身乏術的大忙人，那怎麼辦？別緊張，請家長會(Parent Teacher Association)幫忙，或是從別的班級徵求有意願協助的家長，通常都能找到願意擔任義工的家長群們。

另外需要一提的是，家長來課堂參與的時間很重要，不宜過短，也不宜過長。最好的時間長度是每次半小時左右，有些特殊的課程最多以一小時為限。因為雖然家長的熱心與關懷是好事，但過於熱心與過度，往往會影響到正常的課程發展。

澳洲在教師於大學的養成訓練中，就已經埋下如何引導家長參與課程的因子。畢業後各科教師在學校授課，設計課程之初，細心的將家長參與課程的內容組織進去，包括上課的時間、上課協助的項目、應注意的事項等等。這樣由站在第一線的教師引導，讓家長的參與在家長間自然形成風氣，養成習慣。教師不會礙於面子問題，或為了維護教師尊嚴之類的理由，不讓家長進入課堂；而家長也因為課堂開放，對學校更為放心，無形中減少許多雙方因教養認知的不同而產生的紛爭。

澳洲的教育界認為，家長的參與是影響學生學習的主要關鍵之一，藉著家長的參與及與教師間良好的互動，教師們也才能更了解學生，同時設計出更適合學生的教學方式。澳洲的小學，校方與家長間，不但在硬體上沒有圍牆，連教師與家長間，都沒有那一重重的藩籬。■

每個科目都一樣重要《1》

要了解西方文化裡的課程規劃，有兩個英語辭彙必需了解。第一個辭彙是Key Learning Areas，我把它翻成「學習領域」，另一個辭彙稱作Subject，是「課程科目」的意思。

澳洲課程規劃的作法，各級學校會參考國家課程綱領定義的學習領域，配合學校自己本身的發展方向，規劃出自己學校的的科目領域，來引導孩子們學習的方向。然後再據根據不同的科目領域，細分成不同的獨立學科。每個學校的課程規劃，所用的名辭與學習領域也許不盡相同，但是基本的分類原理是一樣的。

這樣子的規劃方式，其實像極了許多亞洲國家大學裡分學系和選學分的概念。

整體課程規劃的概念，主要是藉由清楚的學習領域分類，引導孩子們探索出自己的興趣，並進而規劃自己的未來。再藉由不同課程間，有組織，有系統的知識貫穿。讓孩子們在中小學裡，隨著年級的增長，循序漸進，讓每個孩子們都能夠對生活中各個面象的知識，有一個整體的了解，並能夠務實的加以運用。

一般而言，小學六年內的課程規劃，著重在基礎知識的奠基，到了國、高中後，學科會逐漸分成獨立的課程，引導孩子們依據自己的興趣，選擇自己需要的科目，朝未來的人生之路前進。

舉例來說，一個有志於作木匠的學生，在中學時代，學生在選課的時候，可以跳開高深的進階數學，選擇木工課做為自己的選修課；一心想當電腦工程師的學生，就會在自己的選課單上，盡量選擇與電腦相關的學科；同樣的，想朝健身教練領域發展的同學們，自然會多朝健康教育與體育的學習領域發展。

每個學生的發展志趣不盡相同，自然所選的科目，也不盡相同。因此，澳洲的中小學校園中，不會有所謂「資優班」或「A段班」的存在，也不容易產生「明星老師」之流的人物。因為對於學生而言，自己選擇的每個科目都一樣重要。

澳洲的教改，是循序漸進，按部就班。澳洲國家課程綱領(National Curriculum)最新版本目前仍只公布到第一階段，因此在這裡與大家分享的八大學習領域(Key Learning Areas)，大多仍是以目前各級學校執行的內涵為主。基本上，從一年級到十二年級的基礎教育規劃，都包含在這八個學習領域中。

❑ 英文 English

澳洲的官方語言是英語。當一個澳洲的孩子，從出生開始，就開始接觸英語，舉凡經驗的傳承、人際的溝通、親友的互動、知識的學習等等活動的表達，都是以英語呈現，因此英語的教育當然格外重要。

澳洲的英語教育，從一年級到十二年級，學校教育都有規劃英語課。澳洲「國家課程綱」領最新版本的定義，將澳洲的英語教學，界定為三個部份：「認識英語」、「對文學的理解、欣賞與創造」、「各方面的英語應用能力」。整體澳洲的英語教育發展，大致都會依這三個綱領編排。

要特別強調的是，不管英語教學方法如何的演進，課程綱領如何的改革，語言，是一切學習的基礎。因此，我在澳洲十幾年下來，經歷過一次又一次的課綱修定，學習英語的目的，絕對無法脫離用英文「理解」知識與如何「運用」英文這兩個範疇。

因此，英文課常與社會科學課程合併上課，兩科的老師會互相合作，共編教材。

➡ 小學體育課

⬇ 小學運動會

❑ 健康教育與體育　Health and Physical Education

運動，在澳洲人的生活裡，佔有非常重要的地位，重要程度不亞於亞洲許多國家對英文及數學等學科的程度。同時，澳洲的運動專家認為，健康教育與運動應該是密不可分的。舉例來說，一個合格的游泳選手，往往必須同時精通水上安全、求生知識、人體肌肉結構、受傷復健等等理論知識。

各級學校，會根據的學校本身的發展方向開課。除了游泳、棒球、網球、澳式足球、板球、有氧運動等等課程外，還會有許多與健康教育及生活相關的課程。

健康教育方面的課程，不僅只是談談疾病知識、個人衛生、及生理知識，而是結合各式各樣的運動及生活環境，整合出各種健康教育方面的課程，舉凡美容、求生、有氧訓練、營養課程、人體按摩、醫療護理課、職業健康安全等等，都能整合進去這個領域。

還記得多年前，我和大學同學艾米，在一次聚會裡不經意聊到的一個話題。艾米在昆士蘭州的偏遠地區當老師，她當時正在上的一個主題是「針灸與按摩」。不要懷疑，就是針灸，針灸當然也可以變成澳洲健康教育領域內的教材，這不是很多元嗎？

❑ 外語　Languages Other Than English

澳洲的第二外語訓練，一樣頗受重視。**澳洲的語言教育學家一致認為，第二外語的學習有助於母語的改進**，在學習第二外語的同時，能夠增加對母語的反思與對照。因此，第二外語在澳洲的基礎教育裡，是相受到重視的課程。

幼兒應該從幾歲開始學第二外語的課程？這個問題在語言學上並沒有一個定見。澳洲的公立學校一般從四至五年級開始讓學生接觸第二外語，但是也有許多私立小學從幼稚園起，就讓學生接受第二外語的訓練。

雖然澳洲的第二外語教育，在許多的國際評比上，似乎並不是非常出色。澳洲的教育界，也普遍認為澳洲的第二外語訓練，還有很大的改進空間，因為澳洲非英語語的語言種類之多，確實令人驚異。不計算原住民的六十四種語言，由移民帶入的語言就將近一百七十種。

近年來，比較常見的第二外語有華文、西班牙文、韓語、越南話、印度語，法文等等，歐洲語系的比例有逐年減少的趨勢。

❑ 數學 Mathematics

澳洲的數學發展，主要著重於訓練學生運用數學「解決問題」、「推理」、「分析及理解」的邏輯能力。因此，澳洲數學的教育方式，相當的務實與靈活。教師上課的內容，參考課本，卻又能自編教材，因才施教。學生的報告更是五花八門，包羅萬象。舉例來說，三角函數的作業，可能是請學生利用三角函數的概念，做一個與房子或橋樑的測量報告。

在小學，教長度與距離的老師，用最多的教材可不是黑板與粉筆，而是人手一張，實際丈量的尺與世界地圖。

澳洲國家綱領對數學的界定，基礎數學教育，只到十年級。

這樣子的作法，讓澳洲的數學教育對整體國民的平均來說，雖然可能不是最好的。澳洲十五歲中學生在二〇〇六年PISA的評比中，雖然只居於世界第六，但在同一年，二〇〇六年的菲爾茨獎(Fields Medals)的四名得主之一，就有一名是澳洲人，菲爾茨獎(Fields Medals)號稱為數學界的諾貝爾獎(註❶)。

這樣子的情形，在於學生對數學的自主性有關。學生在十年級後，可以自主的決定要不要繼續攻讀數學相關科目。想繼續往理工職業深造的學生，可以繼續深入，而想往職校發展的學生，可以只選擇基礎的數學科目，彈性的將時間用在其它有興趣的專業上。這就是澳洲在中小學後，職業教育與大學教育都能在世界上同時佔有一席之地的原因之一。職能分流，各司其職。

科學課專心拍攝照片的小學生。

科學 Science

澳洲以農礦立國，農業機械與礦業工程的需求非常的大，可以說是一個工程師國家，因此對於科學教育的發展，甚為重要。

澳洲國家綱領將科學的教育界定為三個範疇。

第一個範疇，是對科學本身的了解，包括了解各種科學的知識及本質，以及與地球環境的交互影響。從幼稚園到六年級的課程，主要是通識教育；七年級起到十年級，知識領域會逐漸分成物理與化學、生物、以及地球與環境科學等等四大領域：十一年級與十二年級，選修課程則獨立分為「物理」、「化學」、「生物」、及「地球與環境科學」。

第二個範疇，則是訓練學生對於科學方面的探索能力與技巧，這個範疇的訓練，主要從探索開始，歷經求知、詢問、觀察、討論、收集資訊、驗證到最後的結論與參考，以全面式的教學引導學生逐漸去探索這個世界。

第三個範疇，是有關科學的成就，這個範疇主要是在介紹科學在日常生活上的使用情形與結合，歷史沿革，及與地球環境的影響，也包括以漸進的方式，帶領學生認知科學與其未來職業的互動與運用。

三個範疇，從一年級到十二年級，澳洲國家綱領都有針對不同的年級界定出學習的範疇與內容。

❑ 社會科學與環境　Study Of Society And Environment (S.O.S.E)

社會科學與環境，常與英語領域整合上課的學習領域。關於澳洲的整合上課方式，我在另一章節中會有介紹。

社會科學與環境領域，主要是引導學生認識多元的社會，包括社會、文化、經濟與環境的關係。主要的學科有「歷史」、「地理」、「經濟」、「政治」、「社會科學」、「人類學」、「法律」、「心理學」、「倫理」等等。

「社會科學」與「環境領域」的上課方式與學科，包羅萬象，而且常常與其它學科互相整合上課。

舉例來說，在九年級的世界地理課，老師不會要學生去單純的記憶鐵路或礦產，而是要學生分組作一個全世界所發生的災難報告，每個組別可以選擇一個國家，共同討論該國的地理環境及災難發生的原因，可能是天災，也可能是人禍，並要說明如何防治它。於是一堆奇奇怪怪的原因紛紛呈現，包括颱風、核暴、礦區崩塌、火車翻覆、水災、地震等等。

於是在該次的分組報告中，同學不但記住了一堆世界上的國家，並對該國家的自然環境、天然災害、及人文環境都有了大概的認知，還順便學了許多防災的高科技知識。同學不但學了世界地理，還學到了科學。

因此，社會科學與環境領域，在澳洲的上課方式，讓地理不只是地理，歷史也不只是歷史，而是實際的整合各個面向，引導學生基本認識所在的社會。

❑ 科技 Technology

科技領域，協助學生了解日常生活上實際的科技運用，並從實作中了解科技的革新與發展。這裡所說的科技，不僅僅只限於手機、電腦、網路等等高科技產品。在澳洲教育，科技領域主要的意涵，在於如何使用日常生活中的材料、資訊、與系統，來設計、發展、解決日常生活中大大小小的問題。

當我們走在澳洲的大街上，看到澳洲的老少，不分男女，都能夠挽起袖子，自己維修汽車、換車胎、蓋車庫、使用電鋸、焊接零件，或有許多女性，像男性一般，開著加長型的公車與卡車，男女的分別，在這些職業上，完全顯現不出區隔。會造成這樣的原因，與澳洲中小學務實的科技課程有很大的關係。

科技領域的課程，可以說是八大領域裡最貼近日常生活的課程，讓孩子們從一項又一項的實作中，真正學會了日常生活中真正需要的技能。

因此，科技領域的課程，在澳洲的各級學校裡，絕對是最活潑、實用與親民的。尤其，每個學校因為設備與發展方向的不同，所開的課程更是大大的不同。有些學校是開木工課，有些開電工課，有的學校擅長水電技師課，有的則是工藝課、建築軟體課、資料處理課、家庭經濟課等等。

此外，因為科技課務實的特性，科技課也常常與數學、英文、社會科學與環境、科學等領域的課程整合上課。

❏ 藝術 Arts

藝術教育，在澳洲的重要性與涵蓋面，不亞於英語及數學等專業學科的課程。澳洲的教育專家，普遍認為，藝術是不分男女老幼，自然表達創造力與相互溝通最重要的方法之一。**學習藝術，能訓練孩子們練習從不同的思維對事物作全面性的思考，有助於孩子們的創造力**。這樣子的觀念，透過種種與藝術相關的課程，落實在澳洲的教育之中。

藝術教育，從幼稚園開始一直到十二年級的選修課程由淺入深的課程，不僅僅只是繪畫或雕塑，還包括音樂、舞蹈、視覺的傳達、文化的認知、環境的設計、口語的技巧等等，與環境及人文交互穿插，產生的美的意涵，涵概了視覺藝術、音樂、肢體、口語、工藝、設計等等不同的多元面象。

「澳洲國家課程綱領」對於藝術的界定相當豐富且多元，根據學校的發展方向不同，每個學校與每個年級所開的課程會有很大的差異。這樣的目的，是希望學生在透過廣博的藝術領域，培養出創造力與對於美感的認知，同時還能學有專精，發展出自己的興趣，創造出屬於自己的藝術天地。■

註❶：菲爾茨獎(Fields Medals)是著名的世界性數學獎，專門用於獎勵四十歲以下年輕數學家的傑出成就，每四年頒發一次，每次獲獎者不超過四人。本屆獲獎者為俄羅斯的格裡戈裡・佩雷爾曼(Grigory Perelman)、安德烈・奧昆科夫(Andrei Okounkov)、法國的文德林・維爾納(Wendelin Werner)及澳大利亞的陶哲軒(Terence Tao)。

每個科目都一樣重要《2》

澳洲的八大學習領域(Key Learning Areas)，主要是做為各級學校規劃課程綱領的基本依據，基本上從小學一年級開始，到高中十二年級畢業，各級學校的規畫方向大都一致。但是大約從八年級起，因為科目逐漸開始分科，與職業教育的連動也漸漸加深，因此，除了基本的學習領域外，各個學校都會依據學校發展的方向，在這些課程領域下規畫相關課程。

一方面，協助學生生涯規劃，另一方面，由於每個中學都各有相當的職業特色，會少掉許多學校間為了招生而產生的惡性競爭，這個情況，在許多私立中學間更為明顯。而且，許多學校，在十一與十二年級所開的選修課程，都包含在澳大利亞學歷框架下，修畢後可以取得相關證照，直接與職場銜接。

澳洲高等教育中各個大學都具有各自的特色，從各個中學的選修課程領域規劃，就已經開始奠基。

以下整合了澳洲許多中學的課程大綱，列舉了一些八大主要學習領域外，八年級後常見的課程領域：

❏ 企業教育　Business Education

鼓勵孩子們發展真實世界的企業技能，以及對社會上的企業流程有其深入的了解，是這個課程領域的著重點。這個領域的課程，不單單著重在一般企業實際使用的各項軟體及科技，還包含了法規、行銷、會計、金融等等企業的實際面。

這樣子的學習方式，無非是在訓練孩子們除了基本商業能力外，培養孩子們廣博而敏銳的商業素養。在澳洲，許多的大公司，相較起亞洲國家的其他公司，動則三四十出頭的年輕協理或總經理，這與中學教育就開始的企業課程息息相關。

舉一門該領域下的課程企業概論(Enterprises)為例，中學十一年級所做的課程專案，是讓學生們自選一個產品，練習開一間販售該產品的商店。學生們必須自己勤跑政府單位，上網查詢，甚至動用許多人脈關係，到房地產仲介查詢店租成本，並做市場調查，才能交出一份「真實」的報告書。此外，教師必須隨時協助學生或提供意見，在學生們遇到困難時，可以引導解決問題，而不是一本教科書，考考法規，貼貼報告，就此結束。因此，企業教育領域下的課程，從打字、簿記、企業概論、企業行銷，以及一些與高等教育銜接的證照課程，都能提供將來他們所要面對的場景，讓學生學得有趣，如同置身真實的世界。

澳洲小學上課實況

❑ 家庭經濟教育與生活管理 Home Economics Education and Lifestyle Management

家庭經濟教育相關的課程，一般是由七年級開始，這是中學課程裡相當重要的一門課程領域。

這個課程領域中，最著名的就是家庭經濟課。這門課程的目的，主要是教導孩子們，如何正確的使用金錢，以及授與金錢的使用觀念與日常生活中的知識。包括家庭的預算管控、信用卡的使用、烹煮食材的方法、家庭的清潔、垃圾的處理、縫衣機的使用、衣物的裁剪、基本藥物的選取、感冒的預防、草坪的修整等等與日常生活息息相關的內容，是一門包羅萬象的好課程。

教師可以請學生自行擬定生活管理的目標，例如請學生烹煮一道菜餚，孩子們必須自行列出所需的食材及預算，自行到超市購買食材，然後到學校烹煮。過程中，還會請孩子們整理出同樣食材在不同超市的價格，引導孩子們學習預算管控的觀念。

因為這門課程包羅萬象，經濟問題與生活日常的管理絕對是息息相關，密不可分，因此，也有些學校設計的課程領域稱作生活管理課程領域(Lifestyle Management)，再將家庭經濟課、縫紉課、烹飪課等等相關課程並列於該課程領域之下。

❑ 資訊與傳輸科技 Information and Communication technology education

澳洲資訊技術相當發達，且難能可貴的是，資訊技術能平均廣泛的運用到各個產業界，應用面之廣著實令人驚訝。舉個例子來說，不論是搭計程車或是到小雜貨店購物，僅僅使用提款卡都能付費，不需要攜帶現金，再小的店面，系統都能同時連到銀行與稅務局，這樣的資訊普及整合能力，是許多以資訊軟硬體著稱的國家都還做不到的地方。

因此，近十年來，資訊與傳輸科技領域相關的課程，在中學裡相當受到重視。中學在十一年級後針對資領域開設許多證照課程，大抵來說，不管是八年級起的一般課程或是能與外界接軌的證照課程，可以歸類成兩部分：

第一部份，是電腦資訊本身相關的課程，包含計算機概論、軟硬體維修、各種程式語言、資料庫、網路通訊介紹等等。

第二部份，課程傾向於資訊的應用面，有時會與科技領域的相關課程一起開設，或和藝術領域下的課程整合搭配，比如多媒體運用、繪圖軟體、電子音樂、媒體剪接、企業軟體使用等等課程。

無論如何，中學的資訊領域相關課程，仍然是在著重實際之餘，儘可能的整合不同產業的資訊應用，再配合實作，讓學生對資訊與傳輸領域的課程有整體且均衡的了解。

❑ 工業科技與設計 Industrial Technology & Design

工業科技與設計領域，在澳洲的中學教育，是相當實用且受到學生歡迎的課程領域。原因無它，因為澳洲的礦產豐富，是世界最大的煤礦、鋁土、以及鑽石出口國，擁有全球第二大的鐵礦石公司，全球第三大黃金出口國，也是世界第九大工業國，工礦產業相當興盛。

產業的興盛，帶動教育的需求，因此這門課程領域的設計與特色，相當的實際。許多該領域下的課程，其實就是澳大利亞學歷框架下的證照課程，修畢後可以與高等教育及職業教育直接接軌。

而且因為與產業相結合的特性，這門課程不但涵蓋面甚廣，所跨越的產業項目也不勝枚舉，各校所開設課程科目，儘管名目相同，但教授的內容與實作的專案會依產業而改變。

舉個例子來說，因為產業地緣性的不同，不同的學校可能開設同一個課程——工業圖形設計(Industrial Technology and Graphics Design)，臨近金屬產業的學校，課程設計的方向，與學生的專案，都會偏向金屬工業方面的設計。而臨近木材廠的學校，可能就與家具業與木材業有較大的連動。此外，在中學裡，塑膠、電子、鍋爐焊接、建築業、櫥櫃製造業等，都是與這個領域連動甚深的產業。

❑ 農業教育 Agriculture Education

澳洲不但是全世界農業產能最高的國家之一，也是全世界最大的羊毛

參與義賣活動的高中生

出產國。同時，澳洲也是小麥、肉品、乳品、海鮮、水果等產品的主要生產國。

此外，澳洲的農牧場及動物園相關產業，整合打工、渡假、以及旅遊等性質，成功的與觀光產業及教育產業結合。因此，農牧產業在澳洲相當的成熟，農夫、牧場主人、養殖業者等都是相當具有社會地位的職業。

於是在澳洲的農業教育，自然是格外重要，尤其農業教育方面的課程相當多，因此會開相關課程領域的學校有很大的地緣性，大多集中在農漁牧場附近等地區。此外，有些本身以農業教育為主的高中，本身就會掛上農業中學的名字，特色相當鮮明，學校的性質有點偏向台灣所謂的高職，但是仍然是在一般中學的框架下。學生畢業後，仍能自由的申請大學或其他領域的系所，彈性度相當大。

一般而言，農業教育的課程，不只包括農牧產品的栽種或養殖，舉凡生產的技術、機械與科技，產品的保存、輸送、流通管理、成本控制、到農產品的行銷及經濟層面問題，都涵蓋在這個學習領域下。

通常，農業概論、農業科學、農業機具、動物飼養等課程，是一般中學在農業教育相關領域常會開的選修課程。■

一綱多本？教師是關鍵

到目前為止，澳洲並沒有一個全國統一的課程綱領。

澳洲之前與現階段的作法，中央政府只訂定學習的基本八大學習領域（註❶），再由各州政府的教育單位根據這些學習領域，依照各州不同的需求、人文、社會情形編寫各州的課程綱領。

各州轄下的各級學校，再依據州政府編寫的總綱，斟酌各學校發展的方向與需求，編寫各學校所屬的課程綱領。最後，各級學校的教師，再根據所屬學校的綱領，設計自己科目的課程綱領。

換句話說，在訂定教學總綱方面，各州政府與各級學校擁有非常高的自治權。

因為各州擁有各自的課程綱領，學童在跨區轉學，以及教師在跨州轉校之際，常常產生諸多不便。舉我自己為例，我領的教師證照是昆士蘭州政府頒發的教師證，如果我想到西澳任教，我不但必須從頭向西澳的政府申請教師證照，還必須從新了解西澳政府設計的課程綱領，層層的申請程序，產生許多行政及教學上的不便。

因此，澳洲中央政府在二零零八年公布了「全國課程綱領」中四門學習領域的框架，經過大規模的意見徵詢後，歷經一年多的修訂，到二零一零年才正式公布前四門學習領域的課程綱領全文，這是澳洲政府制定八大學習領域以來首次發佈的課程綱領全文，預計二零一三年才開始實施。

「全國課程綱領」的公佈，不只是希望能夠整合澳洲分散的教學資源，更進一步提升澳洲的教學質量，另一個主要原因之一，就是希望能藉著統一全國的課程綱領，確保全國跨區學習的學生權利，以及降低跨區任教所帶來的煩惱。

這麼大的改革，曠日廢時，牽扯到全國教育的大小脈絡，甚至影響到許多教育相關的人士。然而，這個影響到全國中小學及幼稚園教育的大改革，整個過程相當自然，雖然不免有許多的意見與正反聲浪，但討論的內容與報導，大多是「如何讓這個綱領更好」以及「如何修改」等等，眾多的聲音，往往都能變成改革的助力。

為什麼在澳洲，這麼大的改革能夠推動的如此自然，行之無礙？我個人認為答案的本身，應該回歸到身處第一戰線的教師們身上。

澳洲所有的合格教師，從踏入學校校門接受訓練的第一天起，接受的就是「編寫課程綱領與如何設計教材」的專業訓練。換句話說，澳洲的教師，在學校裏所接受的四年訓練，本身就被訓練成具有編寫課程綱領的能力，並根據課綱整合多種課本的知識及各種教學資源教導孩子們。

對於教師而言，不管任教的學校遵循的是州政府設計的課程綱領，或是中央政府統一的國家綱領，都不會有太大的差別。因為教師本身的教學模式，就是每學期都得根據學校的課程綱領再去發展出自己的課綱，因此對於教師本身而言，重視的是「依循的課程綱領好不好？」，而不是「這個綱領是哪來的？」，或是「到底國家要用一綱或多綱？」。

此外，在教改的過程中，政府提供相當通暢的發言管道。由教師群提出的許多意見，不但相當犀利，而且個個一針見血，意見通常都能直指問題本身，適當的提供政府解決問題的方式。到底要用一綱？或是多綱？不是澳洲教育界討論的重點。

歸根究底，澳洲從多綱到一綱的教改過程，不是局限在「要用一綱或多綱？」的問題上打轉。隱藏在背後的真義，應該是教師群本身要被訓練成具有編寫課程綱領，並運用多種教學方法，整合不同教學資源的能力，並進而針對不同程度的學生，設計出適合且富有創意的教材來教導孩子們。那樣，才是教學綱領存在的真諦，也才能達到因材施教的目的。因此，放眼澳洲的許多教改過程中，提升教師的專業能力，永遠是放在首位。

因為教師普遍在校園內，所受的訓練就是如此的專業與紮實，大部份的教師，在畢業後於各級學校內任教，自然而然，「不用教科書」與「設計課程綱領」的觀念自然會透過學生普及到家長們身上，然後再全國蔚為風氣。

此外，許許多多的教師們，在任教多年後，在澳大利亞學歷框架的彈性制度下繼續進修，取得教綱設計相關的証照(Certificate)後，往往會朝向教育顧問的行業發展；有的教師考取公職，成為教育部的官員；有的教師，朝向教學行政發展。這些人才，就變成爾後國家研發全國課程綱領的主力之一。澳洲國家綱領的研發顧問群中，主要的人才就是教師本身。

因此，在澳洲，國家要用一綱或是多綱？這絕不是問題的重點，真正的重點是如何培訓教師群，讓教師們本身具有編寫課程綱領與設計教材的基本能力。■

註❶：八大領域分別為英文(English)、健康教育與體育(Health and Physical Education)、外語(Languages Other Than English)、數學(Mathematics)、科學(Science)、社會科學與環境(Study Of Society and Environment, S.O.S.E)、科技(Technology)、藝術(Arts)。

幸福的代課教師

澳洲，也有教師供需不平衡的問題。舉例來說，都市地區的小學教師常常供過於求，而中學的數學科教師則常常求過於供。

因為供需失衡，因此，澳洲的教師常常必須像一般系所的畢業生一樣，自己去各個學校投履歷表，一個學校接著一個學校的找工作。而且想到公立學校任教的畢業生，必需通過教育部門舉辦的教學能力評量才得以分發，或是擔任代課老師累積到一定的教學時數後，並取得學校校長的推薦信，才得以在公立學校任教。

有的老師運氣不錯，實習的時候剛好學校有缺額，再加上本身表現良好，畢業後通過教育部門的評鑑後，大都能留在實習的學校任教。其他找不到學校的畢業生，如果不願意到偏遠地區任教，必須由Relief Teacher（代課老師）做起。

澳洲重視「平等」與「權利」的精神，不只是落實在學校的正式老師與學生上。對於代課老師的福利與權利，澳洲政府也著實做了許多努力。澳洲的代課老師，自成一個系統。許多正式老師，在繼續深造或兼顧家庭的考量下，有時候甚至會辭去正式老師的職缺，轉任代課老師。甚至許多教育系的畢業生，在畢業後不去找正式老師的缺額，反而願意先從代課老師開始做起。

也許很多人會納悶，到底是什麼樣的教育體制，讓一個中小學的正式教師，敢辭掉正式老師的職位，轉當代課老師？或是教育系的畢業生，為什麼願意從代課老師做起，而不會一堆人想盡辦法，一窩蜂的想要爭奪那正式老師的職位呢？

澳洲每個州政府，都會由地方政府主導，統一成立一個單位，負責統籌全州代課老師的雇用及區域分配。以我所在的昆士蘭州為例，負責該業務的是TRACER（追蹤者）（註❶）。想要在該州代課的老師，都需要到TRACER登記，由TRACER發給一個雇用編號。同時，在學校方面，也會將代課老師的缺額，登錄在上面。由這個單位R統一去控管全州代課老師的調配。

這樣統一由政府單位去統管全州代課老師的調配，除了減少學校方面人事行政的壓力外，從代課老師的角度來看，只需要針對一個人力窗口來找工作，代課老師不需要同時應付不同學校任用標準，減少了許多因為「工作資訊不對稱」所帶來的不安與焦慮。

因此，這個單位不但必須統管這些教師的人力調配外，還必須審核這些代課老師的專業，替學校的教學品質把關，確認這些代課老師是否有足夠的專業能力，符合學校的任用標準。

另一方面，澳洲的工作職場，短期合約以及臨時工作的鐘點費，普遍會比同性質正式工作的鐘點費高出許多。澳洲人普遍認為，短期工作者的鐘點費，本來就應該比長期工作者的鐘點費高，如此才足以供應這些短期工作者的生活所需。這情形普遍也適用在教育界。**昆士蘭州代課老師的鐘點費，將近是正式老師鐘點費的兩倍，只是少了正式老師的許多福利。**

代課老師的鐘點費率，是地方政府根據澳洲統計局的統計分析後，根據各種資料的精算後所擬訂出來的，目的就是希望這些代課老師能在鐘點數不足的同時，也能維持日常生活所需，減少這些代課老師的生活憂慮，讓這些代課老師，將時間花在追求專業的進步上頭。

因此，在澳洲的中小學裡，少有班級沒人代課的情形發生。而一個以代課為職業的老師，一個禮拜大約只要有兩個工作天的代課機會，就足以應付日常的生活需要。所以許多努力的代課老師，如果不介意距離與辛苦，一旦接滿每週五天的代課，薪水往往會比同樣年資的正式老師高出許多。

高中藝術代課老師
邁可在自己的工作室

資訊清楚的TRACER與合理的代課費用，不但幫助了許多剛從學校畢業的新老師，在累積教學經驗與年資的同時，能夠安定生活。對於許多想繼續深造或照顧家庭的資深教師，同時也是一大福音。許多正式老師，也就是在這樣的環境下，願意轉任代課老師，所圖的就是時間自由，能夠彈性的兼顧課業或家庭。

因此，澳洲的教育職場上，存在著一群優秀的代課老師族群，他們不喜歡待在同一個學校一直任教，反而喜歡以代課老師為業。而且，不用擔心這些代課老師的專業，因為這些經歷過許多不同學校的老師，都擁有合格的教師執照，教學專業不輸給正式老師。且因為能夠自由彈性的調配時間，許多有想法的代課老師，往往能在自己的專長上，又規劃出與自己專長相關的事業，然後將這些資源，又回歸到課堂上，能夠將專長的實務面與經驗融入課堂，有時甚至比學校的正式老師更受家長與學生喜愛。

因此，中小學校的家長們偶爾會發現，藝術史的代課老師，同時也是知名畫家；工藝課的代課老師，原來是某某家具工廠的老闆；教語言的代課老師，竟然是知名大學的博士班學生。

澳洲教育界普遍認為，不管是正式老師或是代課老師，只要是澳洲大學所培訓出來，擁有合格教師證的老師，都應該受到應有的尊重。因此，依循前述精神所設計出的代課體制與鐘點費率，充分的表現出澳洲社會重視「平等」的思維模式。在正式老師享有穩定的福利之餘，不忘記將整體教育資源，適當的挹注在工時相對不夠穩定的代課老師身上。這樣做的目的，無非是希望能夠讓學校整體師資，不論是正式老師或代課老師，都能夠專心在教學專業上發展，進而回饋到學生身上。

所以，在澳洲的代課老師，真的很幸福。■

註❶：TRACER為昆士蘭州代課老師管理雇用機構的名稱，全名是Teacher Relief and Contract Employment Register。在新南威爾斯州的系統名稱為Casual.Direct，直接隸屬於新南威爾斯州的教育部門之下。其它各州也都有類似的政府單位負責代課老師的聘雇與管理。

中小學的學區問題

在一次華人的聚會裏，台灣的朋友問：「澳洲的家長，是不是都不會管小孩念什麼學校啊？他們好像都是住哪邊就念哪個學校耶。」

我低頭想了想，回答說：「這並不一定，這個問題還是得看個別家庭的選擇，實在不能以偏概全。」

關於這個問題，我後來仔細回想過去十幾年間，所經歷過的學校與點點滴滴，有了以下的看法。我個人認為，如果只是看到西方教育制度的好，或看到幾所參訪學校的美觀與良善，就一昧的認為西方教育是如此的優質，西方的人是如此的良善，這樣其實未免失之客觀。

坦然而言，澳洲的家長，和台灣的許多家長相同，仍是有家長們會在特定的州立中小學開放註冊的當天徹夜排隊，或是轉換戶籍，或是在學校附近租屋為鄰，只希望能讓孩子們到該所學校越區就讀，關於這點，我認為東西方的父母心態，是完全一致的。

只是平心而論，澳洲學區不夠一致的問題，似乎並非主要出在政府的教育制度，也並非是在學校與教師的身上，而是自由經濟競爭與文化融合產生的結果。

為什麼這樣說呢？

儘管社會在怎麼均衡，制度如何扶助社會團體，一個自由民主的社會，必定存在著收入差距的問題。政府只能盡其所能的，盡力將較多的資源，在公平正義的原則下，將社會的資源合理的分配給弱勢團體，卻沒有辦法強制規範當這些弱勢團體取得這些資源時，是否真的將這些資源，用在該用的地方。

小學操場

一般而言，在澳洲，收入高的家庭，普遍會住在房價較高的區域；收入中等的家庭，會住在房價中等的地區；而收入低的家庭，通常就住在房價偏低的地區，這是自由經濟主義下自然產生的常態分配，其實世界各國皆然。

此外，澳洲是繼美國之後，另一個廣收大量移民的國家，近十年因為移民帶來的經濟效益也的確不斐，然而移民帶來的種族文化融合問題，也的確不可忽視。同一個文化的民族，因為語言及互助的關係，很容易就自成一個閉鎖圈子，也形成一個特定的學區。

高收入所得的地區，學生們從家庭得到的教育資源普遍較多，學生問題相對偏少，而在一些收入所得偏低的地區，儘管政府提供了許多社會福利與協助專案，社區的圖書館及各種文化設施也打造的美崙美奐，州立中小學的師資與設備，也絕不輸給大城市，對於社會弱勢團體的照顧，雖不敢說是十分完美，但絕對是盡心盡力，有目共睹。

然而，這樣仍不能完全解決家庭本身所帶給學生的問題，許多在這些地區任教的好老師，不但每天必須疲於奔命的替學生解決學生父母因為酗酒、嗑藥、打架所帶給孩子們的不良影響，還得設法在教育孩子之餘，多與學生的父母溝通，期望趁著幫助孩子的機會，能感動孩子們的父母，提醒他們為人父母應有的責任。教育孩子，也要教育家長。

其實不論是政府或民間，澳洲大大小小的公民營組織，為了扶助國家的弱勢團體的教育問題，都花下相當鉅額的心力，目的是希望藉著對於弱勢團體的悉心幫助，將許多弱勢家庭帶給孩子們的不良影響降到最低，讓澳洲的每個孩子們，都能夠享受到一樣平等的教育權利。同時，也盡量消弭了許多的社會弱者，因為收入不足而變成日後社會的潛在問題的可能性。

我印象最深刻的例子，不是由政府大力斥資的許多專案，反而是由澳洲著名福利機構Brotherhood Of St Laurence(聖勞倫斯弟兄會)與澳洲銀行界合作執行的福利專案Saver Plus（存款者加成），鼓勵澳洲的低收入戶者在澳紐銀行(ANZ Bank)存款，只要是該存款適用於自己本身的職業訓練或是孩子的教育費用，每存一塊錢，就獎勵一塊錢，每個戶頭最高存款上限是澳幣一千元(約台幣兩萬九千元)。鼓勵這個家庭的家長們真心的為自己或孩們的教育經費存款，用獎勵存款的方式，不但保留了對低收入戶的尊重，也達到協助的效果，更避免了家長們將人民的納稅錢，不用於教育支出，卻拿去買菸買酒，忽略了社會福利的本意。

此外，當然並不是許多低收入戶密集的學區就沒有好學校，許多公立學校的優質校長與老師們，是真的用心良苦，花下許多的心力，將學校辦得有聲有色。同時，許多由基督教或天主教在當地辦的私校，一樣是品質優良且收費便宜，完全和許多華人口耳相傳中，天主教或基督教私校學費頗貴的印象完全不同。

因此，關於中小學的學區問題，真的不能以偏概全。我能對這些學區的問題有所了解，就是因為我曾經有一年多的時間，透過Tracer（昆士蘭教師代課系統）於不同學區間的許多小學往返代課，真實看到許多學校的問題，以及政府與師長們為了給孩子們一個平等的教育環境，是如何的努力。■

小學一角

精力要放在適當的地方

二〇〇九年的耶誕節長假末，我參加一個大學同學會，出席的人數不多，但清一色都是老師。將近一半的同學，仍然堅持著小學教師的崗位，但有一些同學，因為不願到偏遠地區任教，於是改到幼稚園的學齡前班級教書，有的又加修中學教育的學分，改到高中任教。

「妳們覺得學校應該要穿制服嗎？」我在餐會上突然拋出這個問題。會問這個問題的原因，是因為在曾經在台灣教書的時候，發現許多家長對這個議題相當有興趣。但因為我自己本身的腦袋裡，從來沒想過這個問題，因此把這個燙手山芋丟到這群專業的教師群裡。

「制服，那是什麼問題？」在布里斯本市郊小學服務多年的南西反問我。

果然，一旦在教師群中拋下與教育相關的議題，大家的腦袋都不自禁的的動了來，這應該是教師的一種職業病吧。而結果似乎也符合預期，沒有人想過這個問題。

「Sharon的意思是，你們覺得中小學裡，穿制服適不適當。或者說，穿制服有什麼優點或缺點？」在旁邊攪著咖啡邊思考的卡羅幫我回答了這個問題。卡羅也曾經待過日本的國際學校，對亞洲的許多文化較為了解。

「穿制服，很好啊，那會讓學生對學校產生認同感。」在洛根市小學任教多年的羅比給了一個相當抽象的見解。

「認同感，那太籠統了。不過務實的說，我們的教學真的很需要制服，很多課程帶小孩到校外時，學生穿制服會讓我們較容易掌握。」反應過來的南西，開始對這個問題產生興趣。

她一邊做著一個誇張的鬼臉，然後一邊接著說：「而且，你們能想像嗎？萬一學生不穿制服，我們

澳洲中小學制服

學校裡貼著教學綱領的教師公佈欄

一旦出去校外教學，一會兒到博物館，一會兒到美術館，萬一學生各穿各的，我們一不小心，學生走丟了怎麼辦？」

過了一會，她又面對大家說：「再說，你們再想想看，如果學生們不穿制服，課程活動那麼多，畫畫、跳舞、唱歌、打球等等，我們得一個又一個的學生確認他們穿著適當的衣服，那浪費太多精力了。」

「轉個話題吧，妳們覺得中小學裡，學校指定一本教科書好，還是不要指定教科書？」藉著前一個話題告一個段落，我拋出了另一個問題。關於這個問題我自己本身已經有很明確的想法，但還是想實際聽聽這些專業教師群的看法。

「指定教科書，或是不要指定教科書？這是什麼意思？」坐在我左前方的卡羅瞪著大眼睛問著。

果不其然，這群中生代的教師，聽到這個問題的第一個反應，完全和我一樣：「這是什麼意思？」

「就是你們覺得，中小學的校方有必要特地指定一本教科書嗎？台灣對於這個問題爭議了很久。」我很努力的想把這個問題釐清清楚。

「學校指定不指定教科書很重要嗎？我們高中有針對數學科購買一本教科書，但我們設計作業或是教學方案還是會參考別的教科書啊！這種問題需要討論嗎？」黛比總算出聲了，她因為不願到偏遠地區任教，在一邊做小學代課老師的同時，返校補休高中教育的學分，現在是一所知名私立高中的數學教師。

卡羅突然插嘴說著：

「問題出在教師與教師的訓練吧，如果教師本身就被訓練成習慣不單用一本教科書，設計的作業與上課的講義都有花時間去整合，那一本教科書跟不同教科書，並沒有什麼關係吧！」待過亞洲國際學校的卡羅，的確比較能抓住重點。

接著，她又接了一句：

「我覺得教師還是把精力花在教學綱領的設計與教案上吧，那是比較實際的問題。」

↑ 放學的中學生

最後，她站起身來，面對著我們，擺了一個誇張的姿勢，總結說：「穿不穿制服，要不要指定教科書，根本不是重點吧！你們覺得這家咖啡店的咖啡怎麼樣？」

這段對話就在卡羅轉移話題後結束。

澳洲的中小學，不論是州立或私立的學生，大多會穿制服上學。小學生的制服因為活動的需要，大多是運動領衫搭配運動褲，中學以後的制服，配合青少年因為各方面的社會功能增多，男性改以襯衫搭配褲子，女性是套裝或襯衫搭配裙子。基本上仍以適合孩子們的功能為主，並富有相當大的意義。

此外，澳洲的教育，普遍不使用教科書，即使高中以上學校會統一採購教科書，但教師上課的方式仍是以自行編輯的講義為主。

平心而論，不管是制服問題，或是用幾本教科書的問題，在澳洲都不是個很大的議題。澳洲的教師關心什麼呢？不外乎是教學綱領編寫的好不好？教案設計的恰不恰當？不同的學生該用什麼樣的教學方式？當然還有，教師薪水與福利有沒有提高？也許，正如同卡羅所說的，精力要放在適當的地方上。■

題目比答案還長的作業

澳洲的中學生，因為許多科目開始分科，許多學校會開始針對特定的科目指定教科書，數學課就是一個很好的例子。

我的大學同學黛比，提供了一個很好的高中數學作業範例，說明了教師群在學生作業設計上的用心，以及如何整合不同面向的教學資源。黛比原本主修小學教育，後來因為不願外派到偏遠地區教學，因此一邊擔任小學代課教師的同時，回學校補修高中數學教育的學分，現在是布里斯本市郊一所私立高中的數學教師。

這是一個有關高中數學三角函數的範例，作業的主要內容，是要求學生練習如何用現實生活中所觀測到的潮汐漲退資料，用計算機與電腦的EXCEL軟體，模擬出各種不同的正弦函數或餘弦函數。藉著模擬的過程中，學生會學得有關潮汐與三角函數的數學關係，以及月球、地球本身、太陽等等引力對於潮汐的影響及函數表示方法。

潮汐漲退的資訊，是由政府的所設立的潮汐觀測中心中取得。學生所要做的作業內容，主要就是根據作業題目本上的指示，或是閱讀教科書裡的一篇文章，或是上政府網站下載需要的資料，或是根據題目的指示，練習在EXCEL軟體中設定三角函數公式，輸入資料以求得需要的函數值。

整份作業繳交，包含運算結果以及各題答案及說明，大約只有三張Ａ４的白紙。但光是題目的說明以及解釋，加總起來就有十二頁，還不包括其中要求學生讀取的文獻及參考部分。整份作業的設計，井然有序，每一個步驟的作法詳細明白，這讓我想到了網路電玩遊戲的說明書。

作業的設計流程，完全是教師自行構思，除了參考澳洲政府網站潮汐的資訊外，使用到教科書的部分，只有兩頁。透過這份題目比答案還長的作業，孩子們不但學到了三角函數這個主題，還學到了地球科學、物理學、以及資訊科技方面各種實用的知識。

此外，作業的設計本身的目的，就是希望讓孩子們透過實作、討論、共同尋找資料，引發出孩子們探索學問本質的能力。因此教師群們相當鼓勵孩子們互相討論，以及分組共同尋找答案。但為了防止學生互相抄襲，這個作業巧妙的要求每個學生用自己生日當天的資料做模擬，換句話說，即使學生們與同學討論後得到完成作業的方法後，他仍然必須使用自己生日當天的資料值從頭到尾再操作一遍，確定學生們能真正了解這個作業的內容。

整份作業從頭到尾，學生們必須花費許多時間來完成，但過程卻相當的「輕鬆有趣」，原因就在於作業設計本身。整個作業的設計由淺入深，每一個步驟都有出題教師親自編寫的說明或是參考出處，讓學生在做每一個步驟的同時，都能清楚的了解為什麼要做這個步驟，以及這個步驟背後所代表的意義。

三角函數，這個讓許多高中生頭痛不已的數學主題，透過這個作業，被設計的相當淺顯易懂，連我這個不是以數學為專長的門外漢，在大致看完整體的數學作業後，都已經能對三角函數與潮汐的關係，有一個基本的了解。

「澳洲的中小學生看起來很輕鬆？」許多曾經訪澳的家長與教育學者都有這個觀念。但我個人認為，澳洲中學學生所謂的輕鬆，是因為**孩子們可以自由根據職涯發展選取所欲修習的科目，因此自然能沉浸在「主動探索與學習」的樂趣中**。而且，從幼稚園的學前班級開始，教師群對於講義的編撰與作業設計的嚴謹，也是讓孩子能夠在學習中充滿樂趣的主因之一。而這種對作業設計相當嚴謹，且富有邏輯的態度，是身在澳洲的教師，在大學四年中的訓練就已經被培養出來了。

「如果教師不花心思的在作業的設計上，只是單純的告訴孩子們，今天回去家裡做課本上的第幾題到第幾題……，那學生當然會感到很無趣吧！」黛比在我家的廚房邊，一邊和小女兒漢娜在地上玩著湯姆士火車頭，一邊不經意的說著。已經是兩個孩子媽的她，仍然有著一份童心未泯的純真。

她又接著繼續說：「設計作業題目真的很多時間，不過看到孩子們真的有十足的進步，樂在其中，那份快樂與成就感可是難以言喻的。」

「我同意你的看法！」我心有戚戚焉的回應著。

是啊！其實為什麼澳洲教育不用教科書？為什麼澳洲的學生們看起來如此快樂？澳洲的教師群們，將大量的時間與精力花在教材的研發與作業的設計上，因此，指定的教科書變成參考用的配角，同時，孩子們在作業循序漸進的誘導下，由實作、參與、討論中學習，自然啟發出學習的動力。■

特殊教育，幼有所長

二〇〇〇年冬天，上學的時候我裹著大衣，在布里斯本市郊的火車站等著誤點的火車，陽光之都的冬天，比起動輒大雪紛飛的澳洲南部，雖然不算寒冷，但對於我這個對冷空氣嚴重過敏的過敏病人，已經算是一種不可忍受的折磨。在我等車的附近，有一位坐在輪椅上的學生，穿著中學生的制服，陪伴在她旁邊的是一位年輕的社工人員，頸上掛著一張辨別身分的牌子。

隨著廣播聲響起，火車終於駛進車站，從車廂上跳下一位穿著制服的工作人員，迅速的跑到車廂門前，熟練的搭好一塊活動的登廂板，讓社工人員順利的協助學生登上車廂。整個登上車廂的過程，不會超過兩分鐘，突然間，我對火車稍微誤點的不耐完全消失。

這樣子的例子，在每天上下學的時間裡，發生在全澳洲各個大小不同的交通運輸點。在澳洲，對於許多有特別需要的學生，並不是一開始就會被送到特殊教育學校，而是在政府和各方單位的協助下，先和一般的學生，在同樣的學校裡上課，自然的融入現實社會，學校裡的教師及學生們，也能很自然的接受這些有特殊需求的學生。

各種不同的政策推廣與執行，先由政府與民間討論出一個架構，再由政府主導提供框架與計畫，最後交給各單位及民間執行及補強少數缺陷的部份。政府與民間緊密合作的做法，是澳洲政府執行教育政策上一個很大的特色，而這樣的特色在特殊教育的實施上，更是發揮的淋漓盡致。

以昆士蘭州為例，對於昆士蘭州政府來說，教育調整計畫（Education Adjustment Program，EAP）投資，是政府規劃特殊教育的主幹之一。「教育調整計畫」主要提供州內學

色彩繽紛的特教辦公室

校，有特殊需求的學生，各種學習的服務與支援。政府會根據學校的申請需求，根據個別需求派遣專門的工作人員各別到學校支援專門的工作。此外，服務與資源不能只特重學生面，學校本身的教學設備及協助教師教導特殊學生的各種資源也不可缺少，包括行為專家、輔導人員、支援教師學習困難計畫、護士、甚至是教堂牧師支援等等。

政府提供了一系列廣泛的支援與教學框架，但是校方如何管理特教學生以及教師如何在教室內授課，校方與教師擁有相當高的自主權與彈性。

因此，在澳洲的中小學內，可能會看到一位身障學生單獨在自己的專屬教室裡，由一位專屬的特別教師輔導。但是，換個時間點，他可能又由一位特別的護士陪伴，坐著輪椅和其它的同學一起在課堂上課，一起分組，一樣舉手發問。整個教室不會因為這位學生而有不同的氣氛，也不會因為些許的特別，造成教學上或是同學相處上的困擾。

「教育調整計畫」成功的實施，「調整計畫管理系統」的支持功不可沒。調整計畫管理系統，主要是將全州特殊學生的註冊資料及各種資訊，全部登錄在同一個資料庫裡。資料庫中，關於每個特教學生的資訊相當的完整，不但包括基本的個人資料、損傷的種類、適用的教學方法、目前使用的政府服務等等，最難能可貴的，還包含了學校針對該學校使用的課程綱領及實施情形，以及在學校學習的狀態等等。

該資訊只提供給政府及校方人員線上使用，鉅細靡遺的資料，讓學校與學校間能共享資源，互補不足，同時也能讓教師與校方，對於新進的特教學生能夠有效的規畫出最適合該學生的課程綱領。

此外，除了政府的統籌與支援外，站在第一線的教師本身，是協助特教學生最重要的幫手。政府賦予校方與教師相當大的自主權，除了建立在對於教師的專業信心外，政府對於教師的相關專業訓練不可缺少。

由教育與訓練部門成立的「失能服務支援處」(Disability Service Support Unit)，主要在提供教師及照料者們各種專業的教育方法與看護常識。如何讓孩子們在課堂上不會有任何「與眾不同」的不舒服，以及舉例來說，如何讓孩子們在上學、搬遷、轉學等需要變動的過程中，不會因為本身略微的「不同」而有學習上的阻礙，這些都是教師及照料者應具有的技能與知識。

除了對於學校與學生本身的學習支援外，交通問題是特教學生與家長必須面對最普遍的問題。為了幫助家長們處理孩子們在交通上的問題，由政府與交通單位合作一系列的學校交通協助計畫。不論居住在多麼偏遠的地區，特教學生的父母或照料者可以到當地的辦公室，面對面與當地的負責人，依照不同的需求，討論出最適合該學生的交通方式，減輕父母或照料者不少的壓力。

澳洲政府，將許多的社會資源運用在這些需要被關注的弱勢團體上，不但是因為秉持著澳洲教育對「平等」的堅持，讓許多個別能力不足的學生，都能受到需要的個別照顧。另一個隱藏在背後的原因，是希望能讓這些本應是社會弱勢團體的族群，在經過完善的教育後，也能發亮發熱，進而建立起信心，探索出他們的天賦，打造出自己在社會上的一片天地。教育的本質，不就是如此嗎？■

推廣中小學教育，政府、學校、家長完美搭檔

二〇〇九年，由澳洲聯邦教育部長姬拉蒂(Julia Gillard)公布的資料指出，二〇〇八年註冊澳洲學校的國際學生達到五十四萬三仟八百九十八人，澳洲的留學產業，似乎達到了一個前所未及的高度。

在這個新興產業裡，大學或技職訓練機構的留遊學是主流，但因為這兩個教育領域之間，參與的民營仲介比例甚高，而且其與移民政策連動甚深的關係引發出的問題，是目前澳洲政府必須面對且解決的議題。

然而，相對於大學或技職訓練機構的留遊學，中小學遊留學這塊領域，雖然不如大學或職業教育如此為人所注目，但其所展現出的專業、品質與精緻，讓許多亞洲國家的家長，目光為之一亮，每年由州立中小學提供的遊留學空缺，完全是供不應求。

澳洲的中小學品質，以優質均衡的素質聞名於世。澳洲中學生在二〇〇七年由OECD公布的「國際學生教育評量」(PISA)中，無論是在科學、閱讀、數學等等項目的評比，在全世界的英語系國家裡，只略低於紐西蘭或加拿大，遠超同樣以教育出口為大宗的英國與美國。

不但中小學本身的興學相當的優質與均衡，澳洲的中小學在推廣國際教育面所展現的專業素質以及合理的價格，也常令許多亞洲國家家長趨之若鶩。能造成這樣的原因，政府、學校、與家長的通力合作是主因。

舉個實際的例子來說，澳洲昆士蘭州政府主導的「教育昆士蘭國際化專案」就是政府、學校、與家長的完美搭檔最好的例子。

為了推廣國際教育，昆士蘭州政府在「教育與訓練部」下成立「教育昆士蘭國際處」，負責統籌及管理願意承接國際學生的州立學校以及合法仲介，以及處理相關的行政事宜。

在這個專案下，不管是來自海外的長期留學生或短期遊學生，都是在政府所選定的州立學校中上課，實際與當地的學生一起演算數學、學習英文、認識史地、操作工藝等等，而且居住在當地的寄宿家庭裡，實際體驗當地的文化與學校生活。

優質且均衡的中小學教育，讓這個專案年年額滿，供不應求。

在一次偶然的機會裏，我與布里斯本市郊一所小學的校長聊起這個計畫。

「昆士蘭州政府推廣『教育昆士蘭國際化專案』的用意，並不僅僅只是要推廣當地本身的中小學教育，背後更深刻的教育意涵，是**希望藉著推廣國際教育的同時，讓當地的中小學生，能夠認識許多不同國家的朋友，進而了解不同的國家與文化。**」這所學校的校長這麼說著。

他又接著笑著說：「**讓學生實際接觸不同國家的文化，與不同文化的種族一同居住與上課，不就是最好的語言及史地教育嗎？**」

追根究柢，澳洲政府這麼煞費苦心的推廣國際教育，最後還是為了自己國家孩子們的教育啊。

造成「教育昆士蘭國際化專案」這個專案年年供不應求的原因，主要有兩個：

第一個原因，是這個專案本身的特色。不管是短期遊學或是長期留學，這個專案所選定的學校都是政府轄下的州立學校，教學品質本身擁有相當高的質量，任課的教師是當地合格的教師群，居住的地方是由各校校長親自遴選出來的寄宿家庭，再加上主導的單位為政府單位，海外家長對其有一定程度的信任感。

⇧ 極力推廣國際學校交流的小學校長

⇨ 州立小學親切的行政人員

此外，澳洲因為位處南半球，因此學期的寒暑假剛好與北半球的假期錯開。相比北半球的許多遊學團，雖然也是到當地的學校參與遊學，但因時間適逢學校放假，自然教師也隨之休假，所參與的課程往往僅是針對學生舉辦的夏令營之類，教師調派不易，無法感受西方教育課堂的真正精髓。

而且，昆士蘭州本身的旅遊條件也為「教育昆士蘭國際化專案」帶來許多附加價值，昆士蘭州因為地廣人稀，是澳洲主題樂園密度最高的地方，學生在學習之餘，還能到各地的主題樂園、博物館、動物園參訪，真正體會到澳洲教育因材施教、寓教於樂的精神。

優質的州立學校教育、親切的寄宿家庭、實際的中小學課堂、以及地方本身的環境景點，打造出昆士蘭州本身令人驚豔的遊留學環境。

第二個原因，是教師及家長本身的意願不足。因為儘管政府立意良好，但是並不是所有的州立學校都有承接該計畫的意願，因為一旦接下這個計畫，對於站在第一線的教師，往往是最大的挑戰。

「很多教師其實很不喜歡接這個計畫，因為對他們而言，他們必須另外設計教案，以適合這些英語不夠好的學生。」該所小學的校長這麼說著。

「這有可能造成一個班級有兩份課程綱領囉？。」我好奇的問著。

「是啊，對於一個負責任的教師而言，他不可能把學生放在一旁不管，因此他整個教學模式與教案都得從新修正。」這個校長苦笑著搖了搖頭，說著。

又接著說：「不只是教師問題，我和你討論完後，我晚上七點還得和家長會開會討論寄宿家的事情啊！我已經私下拜託了五個家庭，但還差兩個寄宿家庭，住的問題是不能含糊的。」

願意承接該計畫的教師與寄宿家庭難求，也是這個專案供不應求的主因。

一個政策再怎麼立意良好，缺乏有效的整合與通力的合作，還是無法順利的執行。透過昆士蘭州政府對於國際中小學教育的推廣，我看到了政府如何的整合資源、學校如何的傾力配合、與家長是如何的通力合作，完美的搭檔。■

沒有營養午餐

澳洲的中小學，普遍沒有提供營養午餐。

對於那些攜帶午餐的學生，大都是到學校的福利社，購買一些簡單的食物與飲料。

學校不主動提供營養午餐，主要是因為以下兩種考量。

首先，多元文化的澳洲教育，所面對的第一個問題，就是不同民族的文化，對於學校教育的衝擊。因為澳洲的人口，來自世界上兩百多個國家的移民，因此不同的文化與宗教，對於飲食上的認知絕對會有很大不同。

多元文化的飲食習慣，的確不太適合由校方主動提供午餐。因為有的民族不吃豬肉，有些文化不食牛肉，有些宗教則是葷腥不沾，學校在如何的攪盡腦汁，總是無法完全滿足每一個種族、文化、或宗教，容易引發復雜的問題。與其讓校方的資源耗費在食材的供給上，不如將教師們的精力貢獻在教學綱領的設計與教學方法的研發上。

其次，基於健康與衛生的問題是相當大的考量，澳洲人普遍認為，提供孩子們的飲食，是家長的工作與責任。學校或餐廳再怎如何的乾淨與衛生，所提供的餐點，不論是營養價值，或是隱藏的愛心，絕對無法與父母親手為孩子們準備的餐點相較。

此外，大多數學校不但不主動提供營養午餐，甚至還會請教師們對學生宣導彼此不要交換便當。原因就在於學生交換便當的同時，常有學生誤食信仰上不允許食用的肉類，引起許多困擾。甚至在昆士蘭州，曾有嚴重對花生過敏的學生，因為與同學互換午餐便當，誤食同學的花生醬三明治，而導致嚴重休克的情形。

然而，學校不主動提供營養午餐，不代表政府與學校不重視孩子們的飲食。相反的，政府與民間對於飲食方面的宣導與活動，可是一點都不缺少。

澳洲政府，還會規劃許多課程，協助家長與學生們認識食物的營養價值，以及如何準備午餐，藉著「午餐盒」的這個議題，紮紮實實的幫家長與孩子們上了一系列的食品營養課。

舉例來說，維多利亞州的「健康飲食學校計劃」(Healthy Eating Schools Program)，在該州的九十八個學校順利的實施，提供一系列健康與營養相關的活動與課程，引導孩子與家長們學習包括兒童營養、健康與實際的點心與餐盒、適合孩子們的飲料、飲食的樂趣、以及食物安全等等課程與活動。

另外，由「教育、雇用、與工作關係部門」主導的學校營養計劃(The School Nutrition Program)，在北領地的偏遠地區學校，藉著提供孩子們豐富的早午餐，以提高孩子們的出席率與健康，這個活動與該社區的教育與生活，完全結合起來。

除此之外，由政府與民間各個團體合作，由專家編寫許多與「午餐盒」相關的書籍，引導孩子的家長們搭配出各種簡單、美味、又健康的午餐盒。

從這些例子，不難看出澳洲政府對於營養午餐的心態與施行方向，儘管一般的中小學不主動提供營養午餐，而是藉著政府與學校的教育，引導孩子的家長們，親自替孩子們準備充滿愛心的便當。■

才藝班，沒有標語

除了是教師，我有另一個身份，母親。和許多家長一樣，當我從醫生的口中得知，我確定會有一個可愛的寶貝漢娜(Hannah)時，我也開始對「孩子要學什麼才藝」的議題關心起來。這種關心，不僅僅只是教者對於教育的關注，更包含了一個母親對於自己寶貝的教育，濃濃的關心。

對於一個雙薪家庭，如果學校沒有規劃課後輔導，或是社會上沒有才藝班的存在，在身邊沒有人可以協助照顧小孩的情況下，孩子們放學的安置與假日的安排，往往是件相當費心的問題。

雖然因為雇主必須依法付出相當高額的加班費，導致在澳洲加班機會基本不多。但一旦進入管理階層或忙碌時刻，適當的加班仍是不可避免的。

而澳洲的中小學，三點半就放學，除了全職父母外，才藝班與補習班的存在，對於許多職業父母，仍是有存在的必要，只是不過平心而論，澳洲才藝班的密度，真的不像華人世界如此密集。

澳洲和世界各地一樣，有才藝班，有課後輔導，家教班，有補習班。放學後或長假時，正規學校或幼稚園往往會開課後輔導班(After Class)，提供有需要的家長安置小孩。社會上，也是有著各式各樣的才藝班，提供家長選擇。有針對學校的功課做課後輔導的，如數學班，物理班，化學班等等；有針對才藝方面的，如游泳，羽毛球，網球，高爾夫球，西洋棋，鋼琴，豎琴，橫笛，等等。

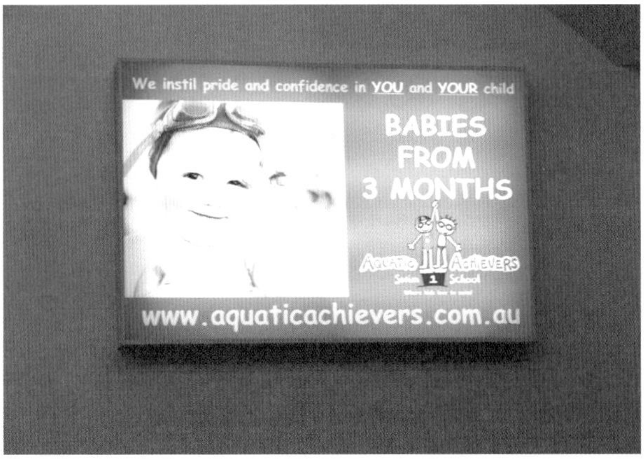

游泳班的廣告

如果深入澳洲社會，會發現澳洲才藝班的種類，甚至比亞洲社會更多元。近幾十年來多元文化的發展，不但帶來了大量的移民，也成功的引進了各式各樣的文化，其中當然包含了不同種族的才藝。

但是為什麼「才藝班」這個議題，在中國人的社會裡，總是能夠吵的沸沸揚揚，但是澳洲的社會裡，平淡的就像一杯白開水，無法激起任何漣漪。

澳洲教育界與家長們對於才藝班存在的定位，認知相當清楚。澳洲人總是認為，學校教育總是做的還不夠好，學習不夠普及，學校設備不夠用，總是還有改進的空間。因此在澳洲政府，不分黨派，總是持續不斷的在努力改進學校教育。澳洲人會大方的承認，學校教育絕對還是有改進的空間。而才藝班的存在，能夠部份補足學校教育所不能迄及的地方。

因此，家長與學生在規劃課後活動的選取，往往是根據「需要」或「興趣」。家長們不會「看別人補習，所以也趕快送孩子去補習」，整個社會也不會彌漫著一股「非補習不可」的氣氛。

因為家長與學生，很清楚的了解到，什麼樣的才藝班是我有興趣的，什麼樣的補習班是我所需要的。舉例來說，一個有志於當醫生的學生，往往會在學校放學後選擇數學去當作輔導的科目，因為對於立志從醫的高中生，高等數學往往是必修。

但是一個有志於當水電工或木匠的學生，絕對會離數學家教班遠遠的，因為他很清楚的認知到，學校教育所教的數學已經足夠他在未來的職業上使用，因此他往往可以於放學後參加許多有興趣的社團活動，或到材料行打工，提早累積人脈基礎。

除了認知正確，才藝班的行銷廣告，沒有誇張不實的字眼。市場上大大小小的才藝班廣告，沒有標語，沒有口號。標準的近乎乏味。

澳洲人不懂得廣告行銷嗎？這我倒不認為。在二〇〇九年一月由昆士蘭旅遊局為了行銷澳洲大堡礁，所釋放出的「世界最好工作」，半年薪高達十五萬澳幣(新台幣四百二十萬)，徵選大堡礁保育員，引起世界矚目，儼然就是世界最好的行銷廣告。澳洲旅遊局投資一百七十萬澳元的成本，卻換來超過一億澳元的收益，創造出將近五十八倍的投資報酬率。

但是當打開澳洲的報紙或網站，這樣幽默且富有創意的民族，在才藝班的行銷上，卻是相當索然無味。大至補習班，小至個人家教，千篇一律的廣告內容只圍繞著三個主題打轉：師資、環境、與課程。

會造成這樣的原因，主要是因為澳洲從政府到民間，對於教育與證照的態度相當嚴謹，過於吹噓的教學方法與功效，會被澳洲人視為「欺騙」。如果你把才藝班的效果塑造的天花亂墜，但實際效果確不如預期，澳洲人會認為這是赤裸裸的欺騙。

因此，才藝班與才藝班之間，怎麼競爭呢？回歸到師資、環境、與課程的比較上吧。家長如果要為孩子們尋找才藝班，家長口碑以及實地了解還是澳洲家長們最實際的方法。家長們用什麼條件來決定才藝班呢？不外乎還是師資、環境、課程綱領，與教學方案。依學科或術科的差異會有所不同。

身為一個母親，我相當喜歡如此的社會氛圍，沒有太多華麗的文辭，也看不到許多引人的標語。傑若米和我，可以靜下心來，一家一家的打電話，約好時間後，去為我們的小孩選取適合的才藝班。曾經回到台灣任教四年的我，常被問到一個問題：「外國人有才藝班嗎？」依我所看，外國有才藝班的。只是外國的才藝班，沒有華美的口號，也沒有引人的標語。■

家長選擇學校的態度

二○○五年四月十七日，由昆士蘭州政府資助成立的州立高中「Queensland Academies」正式成立。州立高中成立的目的，主要是提供那些成績優秀，天資聰穎的學生，一個適才適所的學習環境。這種資優的學生，在澳洲，我們稱之為「具有上帝恩賜的學生」。

同時，為了與國際接軌，讓許多應聘來澳工作的學者、工程師、外交人員等等國際工作者的孩子們有一所適合的銜接學校，該所高中，採用國際文憑組織(International Baccalaureate)提供的ＤＰ(Diploma Program)文憑課程。

國際文憑組織，一九六八年於瑞士的日內瓦成立。該組織成立的主要的目的，是為了提供許多流動性高的國際學生一個標準的課程框架與綱領，讓這些學生們不至於因為父母的工作轉換及搬遷，讓跨越國際的轉校造成學生的學習困擾。

既然每個國家的ＩＢ學校都必須在同一個教學框架下學習，理所當然的，英語就變成這個框架的主要溝通語言。但是對於每個不同的民族而言，母語仍然不可偏廢，因此在許多非英語系國家的IB學校裏，大都是採用英語與當地的母語同時進行教學，兩者並重。

國際文憑組織最早只提供針對高中學生學習的ＤＰ課程，隨後逐漸發展出適合國中生的ＭＹＰ(Middle Year Program)課程，以及提供給從學前班到小學畢業的PYP(Primary Year Program)課程。

不可諱言，國際文憑組織(International Baccalaureate)提供的三種課程，的確是相當優質，也相當符合國際化的世界趨勢，因此經過多年的發展，時至二○一○年，全世界已經有一百三十八個國家，總共兩千八百六十八個學校，成為ＩＢ組織的正式成員。

在澳洲，就有一百二十六間公私立學校採用該組織提供的課程。尤其是採用PYP課程的小學數量，與人口數比較，密度比居世界之冠。

我曾與一些有海外教學經驗的同事們討論過，這類型的學校，大家異口同聲的說，如果是在亞洲的一些國家裏，許多家長們已經擠破窄門，爭先恐後的用盡各種方法，尋求進入該學校的管道。甚至提前一年就得繳交高額的訂位金，只求獲得一個進入該學校的寶貴名額。

然而，在澳洲，上述的情形倒是很少發生，雖然許多家長也會對這些IB的學校保持著高度的興趣，但是整體來看，整個社會看待這些國際學校的眼光，仍是相對自然。

我個人歸納了三個原因，說明澳洲的家長，為什麼對於這些國際學校或是提供給資優學生的學校，總是能保持著平淡自然的正常心態。

首先，澳洲是一個移民國家，來自兩百多個國家的移民人口，將近澳洲總人口的三分之一，高密度的移民人口，讓澳洲的公私立學校，從幼稚園開始，校方在發展課程綱領與設計教學模式的同時，就必須針對不同國家的移民，將多元文化的特色與外語能力考慮進去，這點與IB的發展理念，殊途同歸，這也導致兩者在課程綱領的發展上，往往有許多相似的地方。

不論是基於多元文化政策的推行、或是移民人口的需要，第二外語的學習，在澳洲的基礎教育裡本來就是一件很重要的事。不管是目前仍在修訂的澳大利亞課程綱領，或是原來沿用的八大學習領域，第二外語的學習都是中小學主要的學習領域之一。

此外，澳洲的中小學，本身在課程的研發與制定上，具有相當大的彈性。校方往往能根據學校本身的需要與校務發展的方向，自行研發課程。我認識許多的公私立學校，不但外語教育辦得紮實，課程的研發能力與教師的素質，一點也不輸給那些所謂的國際學校，反而在課程規劃的彈性上，更多了許多地緣上的優勢。

州立高中位於昆士蘭科技大學的校區

尤其在基礎教育裡，不只是對於失能的學生有特別的照顧，對於那些特別聰穎的學生，澳洲教育也會付出額外的注意。因為澳洲教育認為，資源不能只是矯揉造作的一昧給與弱勢團體，對於那些特別聰穎的學生，一樣要給與發展的空間，這也是澳洲教育普遍不用教科書的原因。

基礎教育優質且均衡，讓澳洲的家長實在沒有特別去申請那些國際學校的需要，而能以理性務實的態度，對孩子們的學校作選擇。

其次，澳洲社會普遍對於職業平等的價值觀，讓澳洲的家長，並不會一味的要求孩子們非得從事高學術的工作。在澳洲，許多從事水電工、建築工、焊接工等等職業的工作者，薪水一點也不輸給擔任那些在大學任教或是坐在辦公室的文員。

此外，不但薪水不低，這些勞力工作者的工作環境一點也不差，走到街道上，看到許多正在施工與在路上行駛的貨運卡車，往往會驚訝的發現，這些原本應該沾滿泥土與汙垢的工具車與環境，總是能盡可能的保持乾淨，提供勞力工作者一個良好的工作環境。

合理的待遇與工作環境，讓澳洲的家長與孩子們在對未來的選擇上，往往增加了許多選擇。

最後，在本書的其它的章節也曾提過，良好的社會福利與「澳大利亞學歷框架」的順利推行，提供了澳大利亞人在職業轉換以及再進修的彈性與保障。因此，這也造成了澳洲的高中畢業生，有百分之七十的高比例優先進入技職學院就讀，選擇直接往高等教育進修的比例反而低了。

雖然往高等教育進修的人口過低，可能又是澳洲政府得面對的另一個問題，但職業教育與高等教育功能明顯區分，方向明確，但又藉著「澳大利亞學歷框架」在其中搭起彈性的溝通管道，的確提供家長與孩子們不同的選擇。讓澳洲的家長與孩子們，在學校的選擇與未來的規劃時，不會被僵化的單一升學管道，造成太多的焦慮，而能安心的在眾多學校間，做出理性與務實的選擇。■

CHAPTER

05

高等教育與職業教育。

野雞學校的由來

似乎很少有教育者，會大談自己所屬國家境內的「野雞學校」。澳洲境內，始終有四分之一以上的大學，名列全球兩百大名校。如此平均的大學素質，令人相當驚艷。但是談完素質優秀的綜合大學後，必須面對的，是許多被國際留學生詬病的「野雞學校」問題。「野雞學校」的存在，是世界上許多國家同時具有的問題，尤其也是擁有許多留學生的國家，必須克服與面對的問題。這個問題，先進國家幾乎都有，不能逃避，必須面對。

要了解野雞學校的問題，要先從澳洲高等教育的學制與文憑談起。一般說到高等教育，我們必須先了解University(大學)和College(學院)在澳洲，是分別相當清楚。大學通常必須由多個學院組成，通常最高可提供博士學位(P.H.D. Degree)，澳洲的大學，因為在一系列的教改中，清一色都為公立學校所購併，由政府補助大量財源，兩所私立大學，也都有接受政府部分資助(註❶)，因此雖然仍未有世界極度頂尖的大學出現，但整體澳洲大學的平均素質，連澳洲人自己本身也頗為自豪。

澳洲政府一直強調境內的每所大學各有特色，因此境內沒有大學排名，有些人會拿政府對學校的補助當作排名的依據。這依據可以供作參考，但可能不夠客觀，因為該補助除了有獎勵性質外，有時納入協助整體大學發展的其他考慮因素。在澳洲，大學部分的素質問題，雖然所在多有，但在澳洲政府的一系列教改中，一直持續在進步與完善。

❑ 是學院還是補習班

真正的問題點在學院本身，澳洲境內除了政府官辦的學院外，還存有許多私營的學院存在。因為在澳洲境內，興辦學院其實相對容易，只要有符合興辦所屬屬性的教師資格掛牌，通過政府的申請程序後，一個學院就可以產生了。不同的學院還能依據政府的發展政策不同，依據學生給予不同的經費補助。當然，能提供的學歷主要還是要看學院的規模而定，小型的學院，只能提供學生證照學歷的課程，頗具規模的學院不但能提供文憑課程與學位課程，最高還能提供到碩士學歷課程。

這聽起來不是像極了台灣的補習班嗎？是啊，只是這些補電腦的、補音樂的、補跳舞的、補水電的、補外語的、甚至是清潔工訓練等等的補習班，全部變成了一間又一間專業的學院，受同樣的法規與監管機構管轄。

這樣子的優點是什麼？

第一、將國內所有提供教育的單位全部納入同一個法制框架下管轄，受同一個監管單位控管，只要是教育單位，就一定要有相對應的合格師資去負責，同時又能確保各行各業都能有一定水準的專業。

第二、政府會不定時配合經濟發展政策，提供專案讓大學及各級學院申請，資助這些學校免費訓練國家特定時段所需要的人才。

不論你是木匠、水電工、清潔工、教外語的教師、房地產仲介、咖啡店老闆、超市經營者等等，一定得在這些學院裡至少取得合格的證照，才能執業。所有的行業都必須有各自專業的證照，且大多的證照皆是來自於同一個位階的學校機構所頒發。

為什麼我要強調各行各業的執照是由同一個位階的學校頒發呢？

舉個簡單的例子，如果今天台灣的政府，有感於國家發展觀光業的需要，環境的清潔與維護是非常重要的事，於是與大學合作，成立環境清潔系所，畢業者頒發「清潔師」證照，而且立法通過欲成立清潔公司者，必須擁有「清潔師」證照，相信清潔產業必定開始水漲船高，不管是在工資水準與專業上。

因此，澳洲人本性就特別重視職業平等？我覺得一點也不，澳洲人也不是天生就具有相當正確的職業認知，澳洲人百業平等的社會風氣，不但奠基於從小的生活教育，行業本身的專業，才是各行各業受重視的原因。

學院興辦容易

除了公立學校以外，因為學院興辦相對不難，許多有志之士紛紛投入興辦學院，不但包括澳洲本地的澳洲人及早期的歐洲移民，後來的亞洲移民投入相關產業的也在所多有，日本、香港、印尼、新加坡、印度、及兩岸的華人等等，一間又一間的學院如雨後春筍的冒出。

在這許多學院裡，許多私立的學院辦學紮實，不但能提供高等文憑的學歷，風評不輸澳洲政府的公立學校，本身還興辦幼稚園、小學、以及中學，變成從幼稚園到研究所的一貫教育。另外許多各具各色的學院，或以餐飲著名、或以科技聞名、或以語言傳世，在在都是訓練紮實，辦學嚴謹的好學校。尤其是許多承繼西方傳統的天主教與基督教學院，或是從歐洲渡洋而來的餐飲學校，因為承繼傳統，辦學殷實，都是其中的代表。

然而，學院辦得如此興盛，問題自然開始產生。在這些大大小小的學院裡，並不是每間學院辦學都如此的嚴謹，甚至許多人是因為移民的需要，或是稅務等等其他的需求才興辦學院，自然而然可能在教師的甄選及學生的教育上並不是非常的嚴謹。另外，財務的調度也是這些私立學院一項很大的挑戰，在澳洲教育界這些年，我看到許多辦學不錯的學院，卻是因為財務調度的問題，淹沒在一次又一次的金融風暴裡。

學校關閉的原因其實不一而足，我甚至認識一所好學院的校長，結束的原因，只是純粹的想退休，又找不到合適的接班人，乾脆結束學院的營業，安享晚年，該校長在九〇年代還屢屢登上過教育界的專刊。很意外吧？辦學太嚴謹也是學校關閉的理由，當然該所學院在最後一屆畢業生畢業後，仍按照政府法規，留有一間辦公室負責處理後續學生事宜。

這些因為各種因素導致關閉的學校，在台灣裡也許是不可思議的事。因為在台灣學校與補習班的層級，的確是被區分的相當清楚，學校是學校，補習班是補習班，因此學校的倒閉也許是大事。但是在澳洲，甚至許多西方社會，因為大大小小的教育機構都必須受到政府的統一規範，並沒有學校與補習班的區分，經營不善的學校倒閉，似乎不是件令人震驚的事了。

我會如此不厭其煩，透過學院成立的流程，盡力的將野雞學校的問題說清楚，是因為在十餘年的教學生涯裡，見識到了許多因為挑錯學校與科系，或是一昧的相信仲介，誤了一生的學子們，許多孩子們沒出國前，根本不能想像心目中的學校，規模竟然只等同原國家境內的補習班。還記得在昆士蘭科技大學教育系唸書的時期，一年級要升二年級的學期開始，系主任對我們這些學生所說的話：「同學們，當教師是沒辦法賺大錢(Be Rich)的，如果你不是真心喜歡孩子們，或未來想要賺大錢，現在轉系還來的及。」■

註❶：澳洲大學應有四十間，但其中一所大學卡內基美隆大學(Carnegie Mellon University)為美國賓州立案的非營立大學，並非立案在澳洲，因此沒有算入其中，通說三十九間大學。

「活到老，學到老」，人事制度是基礎

在澳洲的大學及技術學院裡，一個有趣的現象吸引我的注意。澳洲的大學生或技專生，平均年紀算起來應該頗高，因為不管是什麼系所，總能在課堂裡一群年輕的學生群中，看到幾個近中年的面孔，甚至是白髮蒼蒼的老爺爺或老奶奶。

「那麼老了還來念書？」這是我剛入文憑學校時隱藏在心裡的問題。

更令人訝異的是，這些回鍋唸書的社會人士與爺奶們，是與我們這群年輕的學子們一起修同樣的課，一起分組作報告，功課的份量絕對不會因為他們的年紀而減輕。

「他們怎麼有那麼多時間？」這也是後來我從文憑學院起就一直在思索的問題。

這兩個問題，一直到了到了我進大學的前一週，準備辭掉幼稚園的工作時，我才恍然。

問題的解答，在於彈性的人事制度。

澳洲的人事敘薪一般是以每周的工作時數計算，而工作種類分為三種。

第一種是**正職工作**，也就是一般人所說的正式人員，而正職工作又可分為全職正職與兼職正職。全職正職的工作對亞洲人很容易理解，就是的大多亞洲國家採用的雇用制度，一周五天或六天，天天工作；而兼職正職的工作是一周不滿五天，大都以小時計，一般來說可能是二十小時，也可能是三十小時，一周的工作天數大概是兩天或三天，端視雇主開出的工作條件而定。

第二種是約聘工作，分為全職約聘與兼職約聘，工作情形和正職工作沒有差異，但在在退休金等一些權利上有些不同，福利與正職人員不同，約滿後會面臨是否續約的問題。

第三種是計時工作(Relief Job)，有些書把 Relief Job 翻譯成救濟工作，但我個人認為翻

艾門的工作室

精神斗擻的年長工程人員

成計時工作較為適當。計時工作顧名思義，就是臨時工，工作時有時無，但是在澳洲計時工作的鐘點費通常會高出正職工作的鐘點費甚多，舉個簡單的例子，以小學教師來說，代課老師的鐘點費通常將近正職老師鐘點費的兩倍。此外，不要忽略計時工作的專業管理與重要性，舉例言之，澳洲昆士蘭州解決流浪教師的兩大方法之一，鐘點教師系統—追蹤者（Tracer），就是建立在對流浪教師計時工作的專業管理上。

這幾種聘僱的工作型態，普遍應用在澳洲的政府單位、公司行號、及各級學校等等，讓雇主與受雇者雙方，都能因為各自的需要而有不同的選擇，一方面增加雇主單位工作的效率，一方面提供受雇者選擇工作的彈性。

舉我本身為例，當取得幼兒教育的文憑資格後，在申請大學之前，就已經先在幼稚園工作，一週工作三十八點五個小時，每週五天。進入大學後，原以為我必須因為學校的課業辭掉工作，但在我遞出辭呈後，雇主卻希望我繼續留任，提供我兼職正職的職缺，改成每週工作二十個小時。雇主另外開出一個十八點五小時的全職約聘工作，負責彌補我另外缺少的十八點五小時。

這樣子的做法，對雙方都相當有利。因為小學教師在澳洲也有逐漸飽和的趨勢，大多數的年輕教師，如果堅持要在州立的小學教書，大多數都必須先去偏遠地區逛一圈，待個三五年，再想方法轉調。對我來說，這樣子的處理方式，大大的降低了我畢業後找不到工作的風險。而對雇主而言，利基點在於不會突然失去人才，降低人才流動的風險與訓練新人的成本，這是對雙方都有利的彈性制度。

除了因為興趣而返校學習外，許多人仍然是為了轉業或在職進修而重回學生的崗位，成年人若是選擇回學校做學生，經濟問題往往仍然是最大的考量。因此，除了些許完全沒有經濟壓力的人外，對於再進修或保住飯碗的選擇，絕對是許多在職者的兩難，尤其對於許多必須不斷進修又必須兼顧家庭的職業，這樣子的彈性工作制度，解決了許多人的問題。

因此，對澳洲人來說，彈性的人事制度配合「澳大利亞學歷框架」的實施，讓澳洲人在任何年齡轉業都不稀奇。現任澳洲某大銀行資訊部門的某個專案經理，年薪將近八百萬台幣，該銀行二〇〇九年剛買下台灣的某個外商銀行，因此他必須負責統籌規劃整個亞太地區的銀行系統，之前做什麼？他原本是一個小麵包店的糕餅學徒。我為什麼知道？因為他是歐媽的兒子啊，他在資訊系統方面的學位與成就，是一邊烘培麵包一邊學習而來的；另一個朋友，三十多歲，文憑學校畢業就出去工作，已有多年工作經驗，也有兩個小孩，卻一直缺乏相關的學士學位，於是他在找到一個為期兩年的兼職約聘工作後，就大膽的辭職，邊工作邊在大學念書。

此外，仔細觀察澳洲社會，會發現許多社會人士都同時擁有許多不同的專長與學位。澳洲整體社會對於學習、轉業、進修的風氣以及公司任用人才的標準並不拘泥於年齡，而是專注在人才的專業與技術上，雖然彈性的人事制度可能不是唯一的原因，但絕對是人才再進修與回校的重要基礎。

我一直認為，西方人的基本思維與東方人的思考模式，在人性需要的考量上，並沒有什麼不同。唯一最大的不同點，是不同的制度，導致許多風氣的差異。不論是因為興趣、學位、或是工作的需求，許多澳洲人選擇進入大學進修，「活到老學到老」的社會風氣能落實在澳洲人的生活中，不只是因為澳洲人想做這個選擇，更應該是因為澳洲人能做這個選擇。■

大學與學院，大不同

二〇〇九年末，我在網路上觀看到華人地區的電子報，眾多華文報紙大肆報導著澳洲「全球校園管理集團」旗下四所私立大學無預警倒閉的事件。

看到這些文章，我腦中第一個直覺反應就是：呃？曾幾何時，澳洲有這麼多私立大學了？這些文字的報導讓我覺得觸目心驚，心驚的不是大學倒閉的事件，而是長久以來，許多專業人士與家長，對於澳洲教育大學與學院在名辭上解讀的混淆。

這些報導中所謂的大學，其實只是學院。

「在如果這些報導被澳洲的許多教師看到，他們一定會很有正義感的寫信去更正吧。」傑若米在旁邊笑著說。我則是笑了笑，並沒有接話。

我曾經在前面的文章裏簡單的提及，澳洲的大學(University)與學院(College)，是完全不同的。大學隸屬於高等教育，而這些吵得沸沸揚揚的學院，則多數隸屬於職業教育。

在我自己的印象中，我進入大學後的第一年，成績並不出色。儘管我已經拿到了一個幼兒教育的文憑，部分的學分也能被該大學承認，但在澳洲大學的課堂裏，不論是課程的內容、教師的素質、實習的方式、甚至是學習的方式等等，和學院的確有相當大的不同。

在澳洲歷史上，大學教育與職業教育的發展，也曾經有一段界定模糊的時代。簡單的來說，第二次世界大戰之前的澳洲，高等教育是大學教育的泛稱。直至二次世界大戰後，技術學院與師範學院開始蓬勃發展，該時期的澳洲，學院教育與中學後的進階教育，同與大學教育歸類為「高等教育」。

這個情形又一直發展到一九八七年，澳洲工黨執政後，為了進一步提高澳洲教育在國際間的競爭力，以及讓高等教育能呼應社會的實際需求，這個歷經數十年反復修正的議題，終於讓高等教育又回歸成為「大學的教育」。

大學教育與職業教育本身的確有本質上的不同，大學教育著重的是理論與實務的結合，除了訓練學生的職業能力外，同樣要保持理論與研發能力的培養。而職業教育，出發點是以就業為導向，主要是通過系統的培訓課程培養學員的職業技能，並進而靠技能找到理想的工作。

當然在各個學校的各自發展上，因為歷史的因素以及學生實際的需求，現在澳洲的大學，往往開始與職業教育相結合，有各自不同的發展，但是大學培養綜合能力，職業教育訓練專業技能的區隔還是非常清楚。

⇧ 航空學校的上課地點

大學教育與職業教育，清楚的區分，但是中間又以澳大利亞學利框架為橋樑，讓兩者之間的學分能夠互抵免，確保學生生涯規劃與再教育的彈性。這樣子的作法，打造出今日澳洲國際教育的成就，也創造出澳洲社會「活到老，學到老」的環境。

此外，許多人認為，澳洲應該與英、美相同，知名大專學府大都以私校為主，這其實是一種誤解。澳洲職業學校最著名的專科技術學院TAFE，是由政府贊助，而高等教育中三十九所大學，只有兩間是私立大學外，其它也大都是公立大學，有時我想，這似乎也是澳洲高等教育最大的特色之一吧。

因此，當傑若米和我在網路上看到「四所私立大學倒閉」的報導時，我們兩第一個直覺反應就是：那來那麼多私立大學啊？

當然，對於很多有機會在國外受教育的人而言，大學與學院是很好區分的。但我曾經在台灣任教過，很清楚的知道台灣仍有許多家長，對於澳洲的學制與系統仍然一知半解，往往只能聽信仲介與親友的建議或經驗。

但出國留學，是許多人面臨人生的一次重大選擇：上什麼樣的學校？接受何種類型的教育？選擇大學教育還是職業教育？都是您關人生的重大議題，建構最基本的正確觀念，才能替自己或子女規劃出最適合的道路，進而作出理性與平實的選擇。■

廚師學校的上課教室

各具特色的大學

澳洲政府，從來沒有針對境內的大學，作任何的官方排名與比較。但是澳洲大學的平均素質，卻往往讓國際性的許多大學排名組織，為之讚嘆。二〇〇五年由英國泰晤士報高等教育專刊（The Times Higher Education Supplement）所做的世界大學排名，是澳洲自一九九五年教改以來在國際排名上最好的一次成績。

澳洲只有兩千一百萬的人口，境內三十九家大學，在二〇〇五年的該次排名中卻有十七間大學名列世界兩百大名校，換句話說，這個從不對自己境內大學排名的國家，有接近二分之一的大學，名列世界兩百大名校。

澳洲大學的平均水準，令人驚豔。

在昆士蘭科大求學的期間，我對「教育史研討」這門學科特別有興趣。隨著對該科目的深入，澳洲教改的過程，改革的背景，與各種不同的教育理念，對我來說都是一篇又一篇令人深省的故事。

比起擁有三億多人口的美國，與現代工業革命的起源英國，在英語系的國家裡，澳洲是一個相當年輕的國家。但是年輕有年輕的優點，澳洲的高等教育改革，以英國的教育制度為基底，又參酌了美國與歐洲各國教育改革中的許多經驗，逐步發展出一個對自己本身最適合的教育體制。

澳洲的大學教育體制，與英美兩國有一個很大的不同點。澳洲的大學，普遍是公立學校，由政府統籌設立大學補助機制，每年根據政府監查的標準，固定撥款給各個大學。澳洲全國只有三十九所大學，其中兩所為私立大學，且各個大學的發展特色也有所不同。

提到澳洲的大學，許多專家學者都會立刻聯想到近年來澳洲政府為了推廣高等教育所作的許多教改與努力。從一九八八年的「道金斯報告書」到二〇〇三年「尼爾森報告書」的發布。從「澳大利亞學歷框架」與「澳洲高等教育品質保證框架」的推行。上述的這些教改的確都對澳洲高等教育改革有著不可磨滅的影響。

但我個人認為，早在一九六五年由澳洲大學委員會所發表的「馬丁報告書」，替為來的大學教育改革，已經提供了正確的發展方向，讓未來四十餘年來的大學改革，雖不免跌跌撞撞，爭議不斷，最終卻總是能排除萬難，找到一條最適合澳洲的道路。

一九六五年的「馬丁報告書」指出，澳洲必需停止學術及研究導向的傳統大學擴張，另外成立職業及教學導向的「高等教育學院」。因為馬丁認為，澳洲傳統研究型大學的菁英式教育已不能滿足澳洲社會大眾對高等教育的需求，必須另外尋求解決方式。

而解決的方式就是另外設立職業及教學導向的「高等教育學院」(Colleges of Advanced Education, CAEs)，以替代學術及研究導向的傳統大學擴張。

這些職業及教學導向的「高等教育學院」，經過數年的發展，於一九八八年後，在當時的政策引導下，逐漸被整併或升格成為大學。

有些學院被併入傳統的大學，替傳統的研究型大學，注入轉型的新血。例如雪梨大學，隸屬於澳洲傳統的百年名校「八大聯盟」，但是在該次的改革中，整併了許多以護理、教育、音樂、藝術、衛生科學等職業為主的高等教育學院。

其它的學院或合併，或升格，演變成今日澳洲境內許多職業與教學導向的大學。今日的澳洲境內，以科技應用著名的「澳洲科技大學聯盟」以及以創新研究為重點的「創新大學聯盟」，大都是經由高等教育學院整併或獨立升格而成。

這些遭整併或升格的高等教育學院，雖然已經改制成大學，但是仍然保持著原來職業導向的特色。有的大學以資訊科技聞名，有的大學以醫學與護理為發展重點，有的大學則在文學、媒體、與電影方面享譽澳洲。在政府的制訂的框架裡，各大學自由競爭，在各個不同的職業領域上發展各自的特色。

我後來選讀的昆士蘭科技大學，最早就是由一所科技學院與教師培訓學院合併改制，再陸續合併其它高等教育學院而成。在政府規劃的框架下，該所學校在該州避開了與百年名校昆士蘭大學的發展路線，堅持發展自己的特色。學校的標語是「真實的世界(Real World)」，意思是在這所學校唸書，就好像在真實的職場上工作一樣。因此這所學校在課程的規劃上，非常重視與業界的合作，儘管改制成大學，但是仍著重務實與職業導向的風格，成功的在競爭激烈的眾多大學中，找到自己的定位。該所大學以資訊科技、企業管理、與教育聞名。

每個大學擁有各自的發展特色，不正是落實了中國古人常說的「行行出狀元」嗎？只是不知道為什麼，在澳洲的居住的十多年，越深入澳洲教育，許多年幼時所接觸到的教育格言，卻一一的印證在這個國家。到底是澳洲社會「各職業平等」的風氣影響了政府與大學的教育改革？或是政府與大學的教改帶動了民間尊重各種職業與務實的風氣？並未對社會科學深入研究的我，實在不敢妄自論斷。

二○○五年由英國泰晤士報高等教育專刊在世界大學排行榜外，另外針對五大專業領域所作的評比，可以為澳洲各具特色的大學，下一個良好的注解。

該年度的五大專業排名，澳洲三十九所大學中，在「生物醫學」領域，有十四家大學進榜、在「社會科學」領域，有十二家大學進榜、在「人文」領域，有十一家大學進榜、在「科技」領域，有十一家大學進榜、在「科學」領域，有六家大學進榜。

在澳洲多年，我一直在思考，到底是什麼樣的模式？什麼樣的政策？或什麼樣的理念？能讓人口區區兩千一百萬的國家，創造出如此令人驚豔的大學教育。

昆士蘭大學一角

多元與專業的職業課程

除了高等教育的平均素質，舉世驚豔外，澳洲的職業教育，一樣辦的有聲有色。二〇〇八年，澳洲全國的職校註冊總人數為一百七十萬左右，將近總人口數的十分之一。同時，有百分之七十的高中畢業生，選擇進入職校就讀。如果這個數字在台灣，相信一定有許多家長大呼不可思議，怎麼可能有人願意放棄念大學的機會轉往職校就讀呢？

澳洲職業教育最大的特色就是「實用」，學校本身與產業界有著非常緊密的合作與互動，原因是因為學校在教師任用的標準上，不是以學歷為主，反而是以個人職業上的成就與經驗為主要的參考依據，政府與學校對於個人的經歷及成就，自有一套審核的標準與方法。因此，雖然是技術學院，師資的平均學歷程度反而不高，教師的聘請，以仍在相關行業任職的業界人士為主，同樣三十歲的年紀，一個剛從學校畢業的博士與只有大學畢業卻有八年實務工作經驗的學士角逐職校的教職，後者取得工作機會的機會較大。

專科技術學院(Technical And Further Education)是澳洲眾多職業教育機構中一個良好的典範，全澳洲境內的專科技術學院清一色為公立學校，由各州政府嚴格監管，可以說是提供澳洲職場專業技術人員的主力機構。訓練的課程包含了會計、行銷、行政管理、服裝設計、建築繪圖、餐飲管理、紡織、醫療衛生、幼教管理、圖書管理、美容美髮、航空機械等等職業，幾乎囊括了所有現實生活中的職業。更難能可貴的是，專科技術學院開設課程的效率與實用性，能迅速趕上時代的快速變遷，往往一項新技術問世，相對應的課程也隨之發展。

以新南威爾斯州的專科技術學院為例，在二〇一〇年提供的證照課程及文憑課程，總數達到

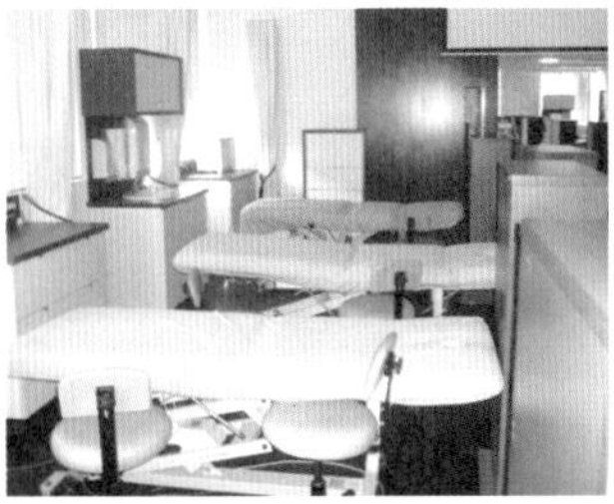

美容課程的教室

烘培課程，教師與學生實作

專科技術學院上課實況

三千七百七十三種，每個課程不但可以獨立成為一個職業課程，不同的證照課程與文憑課程交互組合貫穿，還能組合成不同的職業模組課程。澳洲專科技術學院課程的特色，從職業模組的資料整理開始，就已經非常實用，被井然有序的依職業別分門別類，對於許多對未來仍懵懵懂懂的學生，提供了一個非常好的參考，宛然上了一堂精彩免費的生涯規劃輔導課。

以下列舉了我自己感興趣的幾個課程模組，說明課程模組的運作與選擇模式。

❑ 專業的清潔員工

首先，如果想要成為「專業的清潔員工」，可以選擇「證照二級——資產維護(清潔操作課)」，學習基本的清潔組織技巧及各種清潔藥劑的使用，完成後可以成為一個基層的商業清潔人員。對於想進一步的清潔人員，「證照三級——資產維護(清潔操作課)」會教授進一步的清潔知識，包括各種物品的表面原料及處理方式，以及廠房，大樓，平房，商店等各種需要清潔的場地其適用的清潔知識。此外，「社區尖銳物處理」對於一個專業的清潔人員，也是必修課程之一，訓練清潔人員對於各種危險物品及尖銳物品的處置方式，以及各種可能遇到的風險及保護措施。上述三門證照課程結合，是有志於成為一個清潔人員的職業模組課程。

此外，一些特殊的場合，如醫院，又必須有不同的相關證照課程。如果今天這個清潔人員，發現醫院的薪水不錯，想改往醫院發展「證照二級——健康支援服務」這個課程模組是唯一的選擇，這個模組之下，又分成洗衣房、廚房、病患、及醫院清潔四門課程，上完這些課程，可以讓這個清潔人員轉往醫院或私人診所從事清潔工作。除了醫院，想在火車上從事清潔工作，最好上一門「封閉空間的清潔操作」課程，增加自己的職場競爭力。

☐ 開咖啡店

另外一個讓我感興趣的是咖啡店產業，開咖啡店，幾乎在我認識的眾多朋友中，是退休後工作的首選之一。專業技術學院一樣規劃了許多實用的職業模組，訓練出一個合格的咖啡店店長。除了沖泡咖啡設備的操作、吧檯的管理與動線、各種咖啡的沖泡方式等等基礎課程外，模組將食物的安全與衛生、餐廳的急救處理、員工的管理訓練、記帳的軟體訓練等等，以及開店的相關知識，也都有包含在咖啡店管理者的訓練課程之一。

令我訝異的是，因為在澳洲的許多咖啡店，除了一般的大街小巷外，圖書館、博物館、學校、以及醫院等特定場所都可能為開店的場所，而特定的開店地點，特殊的法規與規定常常讓許多店長望之卻步，造成許多困擾，這個模組課程把在澳洲各種環境開店所遇到的法定申請流程，也細心的開設成一個課程。

☐ 手機電信業者

電信產業是現在科技的新趨勢，因此這些職業模組中，有許多模組是校方配合政府產業人才需求的計畫而開設的，由政府資助。二十幾種不同電信方面的課程，可以交叉貫穿組成十餘種電信方面的職業模組，訓練出當前最需要的電信人才。此外，不只是學校提供的職業模組可以選擇，許多有工作經驗的學生，往往可以根據自己的需求，選擇出最適合自己的課程。舉例來說，以電信產業方面的職業模組為例，學生除了基本的電信模組課程外，可以自己選擇「手機零件安裝」，「手機故障排除」，「手機性能測試與計量」等課程，朝向手機維修師的未來發展。

仔細深入這些職業模組的課程，越能發現澳洲政府光是在職業教育前的職業輔導分類，就已經展現了相當驚人的整合能力。三千七百七十三個證照或文憑課程，少則一至三個，多則十幾個，不但能交相貫穿、連通成數百種專業的職業課程，校方還會把與每個課程相關的課程以及未來可以發展的方向所應該選修的課程，詳細的列舉出來，供學生參考。澳洲所有的職業種類，幾乎都由此開始。

如此龐大的職業課程數量與精細的職業模組分類，不是單獨一間技術學校或是專科學校就能單獨完成的。而是由政府主導，訂立標準與框架，加上學校與產業界的配合。光是在職業模組的框架訂定上，就已經費了相當的心血與人力。由職業學校畢業後，在澳大利亞學歷框架的制度下，對於想往高等教育進修的學生，在職業教育所選修的學分，仍可以與相關學系互抵，念職校，不再是浪費時間的代名詞，反而是一個專業與實際的好選擇。

多元、專業、與務實，難怪澳洲有十分之一的人口，百分之七十的高中畢業生，會做出這個好選擇。■

尊重專業，塑造平等的職業價值觀

走在澳洲的街頭，行人道上的紅磚，井然有序的排列著。紅磚道旁的馬路，修造的像是一塊平滑的黑色天鵝絨，平坦順暢。路旁建築工人的衣服，乾淨的像是剛從晾衣架上收下來一樣。公車司機穿著制式的襯衫與領帶，車上乾淨的座位與舒服的冷氣常常讓我在布里斯本酷熱的空氣下捨不得下車。學校內的草地，修整的像是一塊昂貴的地毯。

最讓我不平衡的是，為什麼連工程用車與挖土機上都似乎看不到密布的灰塵，怪手上的泥土看起來也順眼極了。這是十幾年前，當我在文憑學校裡求學時對布里斯本的印象。

「這裡的清潔工人比較愛掃地嗎？」「澳洲的割草工真得比較愛割草嗎？」「布里斯本的鋪磚工人技術特別高超？」當我在文憑學校唸書時，類似的問題一直在我的腦海裡盤旋著。

這些問題，在一次與歐媽聊天的過程裡得到了答案。

「在澳洲，你從事任何行業都要上學校學習。」「不管你從事什麼行業，只要專業，別人就會尊重你。」聽完歐媽隨口說出的幾句話，我突然了解到為什麼澳大利亞的街道那麼整齊乾淨，而布里斯本的馬路是那麼平坦了。

在澳洲，不管是從事什麼行業，包括刷油漆、鋪磁磚、洗地毯、幫寵物洗澡、割草、伐木、程式設計、工程師與清潔工，每個人都可以在學校裡找到對應的課程來學習。以澳洲維多利亞省的專科技術學校裡，截至目前為止，大概就有二千種證照或文憑課程提供澳洲人民選讀。

以清潔產業為例，在澳洲，如果你不是自己購買的房子，而是採用租賃的方式，通常在租約裡都會明定房客在搬走前，必須聘請清潔公司將整個房子清潔乾淨，或是房東自己會先從押金裡扣除清潔公司的費用。甚至有些社區型的房屋租賃，本身就已經與清潔公司簽約合作。

澳洲各州的專科技術學校裡，會根據該產業的需求，開設相關的課程提供人才。澳洲維多利亞省的專科技術學校裡就有開設「清潔操作」的證照課程，專門教授各種清潔工具的使用與各種環境的清潔方式，提供想要從事清潔產業的人民學習。該證照課程有分三個等級，需要按步就班的學習，無法一蹴可及。

如果清潔工人想要進一步學習或發展，怎麼辦？澳洲人家裡地毯種類特別多，總是搞不清楚什麼地毯該用什麼清潔劑，怎麼辦？學校針對上述問題又開設了「地毯清潔」以及針對清潔工人生涯規劃的「清潔公司營運管理」等課程，來學習更進一步的清潔技術或如何籌組清潔公司。

當一個打扮整齊，且精通各種清潔工具與溶劑的專業工人將你的家中打掃的乾乾淨淨，一塵不染時，我相信你我都會尊重他的。尤其是當澳洲政府把「從清潔工人變身公司老闆」這種課程因子也埋

自信滿滿的工程人員

乾淨的工程車輛

在教育體制裡時，我相信只要他願意繼續努力學習，眼前的工人很有可能就是三年後的清潔公司老闆。

任一棟房子的磚頭都堆砌的相當平整

清潔產業，在亞洲國家許多人的印象中並不是很專業的產業，甚至在很多人的內心裡，仍然會有著「掃地還需要特別學習嗎？」的問號。卻沒有想到：不同的建築與材料需要使用什麼清潔工具？什麼樣的場所需要不同的化學溶劑與清潔劑？甚至當你籌組一間清潔公司，一堆不同國家的勞工如何管理與訓練？

不只清潔產業的課程辦得如此有聲有色，其它各行各業的職業課程也是如此。澳洲政府就是稟持著「職業平等」的精神，將職業教育辦得如此多元與專業，水準不輸高等教育，卻又能保持職業教育應有的實用性。

這種尊重每種職業專業的作法，不就是中國人常說的「職業無貴賤、行行出狀元」嗎？在澳洲，各個職業的平等，建立在他們各自所屬的專業上。政府開設的這些職業課程，都是與高等教育放在同一個框架下，提供一樣專業的課程。將職業教育放在與高等教育同樣的高度時，從人民的觀感來看，職業與職業間的差異性似乎不是那麼大了。

因此，在澳洲，當人民在選擇自己的職業時，考量的往往不是社會地位，而是自己本身的興趣。在澳洲，職業沒有「貴賤」的區別，只有「好壞」的區隔。什麼是澳洲人眼中的好工作？「我自己選擇的就是好工作。」澳洲人總是這樣回答著。

也因為人民能夠根據興趣選取自己想要的工作，人民往往會願意在自己喜歡上的工作持續創新與發展，你會發現在澳洲，地掃的似乎特別乾淨，磁磚鋪得特別平，連在草地上割草似乎都是件很快樂的事情。■

務實的實習課程

我在文憑學校裡的第二學期開始，一直到第四學期結束，都有實習課程(Practicum)讓學生實際去職場上「工作」，實習的時間長短與內容會因課程綱領的規劃而有所差異。

在實習課程的專案裡，學生們可以選擇到與學校合作的幼稚園，或是自己接洽有興趣的學校。澳洲的同學大都選擇自行去接洽與連絡陌生的學校，只有少數的幾位同學會連繫與學校合作的幼稚園。

第一次的實習課程，我在歐媽的建議下，也鼓起勇氣打電話給家裡附近的幼稚園，詢問是否有提供實習課程的缺額。過程出乎意料外的順利，打到第三間幼稚園的時候，我就已經找到願意收留我的幼稚園。

我第一家實習的幼稚園座落在歐媽的家附近，是一排紅瓦白牆的歐式建築，周遭環繞著參天的綠樹，整個園區隱藏在一片鬱鬱的綠蔭中。一踏入園區，我的眼光就被兒童活動場所上綠油油的草皮給吸引了，不知道什麼原因，我總是很容易就對修整乾淨的草皮產生莫名其妙的好感。

找到實習的幼稚園後，我把幼稚園的名稱與相關單位的負責人回報給學校，負責該課程的任課老師親自打電話聯絡對方，一方面是禮貌的表示，感謝該幼稚園願意提供實習機會給學生。另一方面是同時傳遞課程的資料與綱領給幼稚園，讓園方了解該次課程需要實習的目標和內容。

❑ 實習的時間

我就讀的文憑學校規定，同一個學生每學期都必須更換實習的學校，目的是為了讓學生們能夠在兩年內的課程裡，盡可能體驗到不同的幼稚園管理文化與風格。所以在文憑學校畢業後，我已經接洽過許多家幼稚園，並在三家不同的幼稚園「實習」過。

實習的時間裡，不需要到學校上課，而是直接到實習的地方「工作」。幼稚園會根據學校提供的課程目標與大綱，提供適當的工作內容，並指派適合的老師擔任該學生的「師傅」，而該名學生就是理所當然的「學徒」了。通常一個師傅會帶領著一到數個不同的學徒，形成一個工作團體，互相討論與學習。

一旦開始實習，一切就交由園方與學生負責，就好像真的雇主與員工一樣。

❑ 實習的內容

實習的內容從課程規劃開始，不同年級的戶外教學、室內教學、教室清潔與管理、到幼兒的疾病預防等等，三個學期實習下來，學生會把每個幼稚園工作上的環節都實際的處理一遍。

實習完畢後，園方會給我們這些實習的學生一份很詳細的評鑑報告，上面有園方給我們這些學生的工作項目與評分。一些與政府有合作關係的幼稚園，老師在帶領這些實習生的同時，還會由政府另外在本薪之外，給付鐘點費。

值得一提的是，雖然每個學生每學期需要更換一個不同的幼稚園實習，實習完畢後卻能讓每位學生擁有完整的幼稚園教學與管理經驗，並沒有因為時間差與不同的地方而影響到實習課程的完整性，除了感佩學校在課程規劃上的縝密與完整，能提供園方一個清楚的工作項目列表外，我一直很訝異澳洲民間企業對於「實習」方面是如此的配合。

這樣從自己接洽幼稚園開始，歷經不同不同階段「務實」的實習，學生在出校園之前已經對職場有了初步的了解與認知，對於想擔任的職位與工作方向也有了一定程度的想法，減少了他們許多繼續摸索的成本與時間。甚至大部份的同學，乾脆就直接留在實習的幼稚園工作。

如此務實的實習課程，並不只限於幼教產業，而是廣泛的運用在職業學校的各行各業裡。木匠、焊工、理髮師、糕餅師傅、水電工、以及其它文憑學校能開設的課程，都是在企業與學校如此的合作下進行的。

這種由學校與企業間緊密合作的實習方式，並不是自然形成的。如何提供課程的實用性以及提高學生的職業競爭力，本來就是澳洲政府一直持續在發展的課題，而再逐漸呈現與落實的成果。

從十九世紀中葉，澳洲建立最早的礦工學校開始，到一九九六年澳洲政府推出的「全國訓練綱領」與「新學徒制」，再到二〇〇八年最新推出的「澳大利亞學徒制」，一連串的成功的制度改革，一而再的顯現出澳洲政府在職業教育面的用心，也確確實實的將「能力本位」與「務實」的觀念帶進學校的教育裡。

身為一個職校的學生，最大的心願是什麼呢？難道不就是學有所用，畢業後能有一個滿意的工作嗎？澳洲的職校學生，就是在教育體制的鼓勵下，一步一步的邁向各自的職場。■

澳洲，實現我的夢想之洲

在澳洲，教師的分類相當細緻，僅管都是教育學系，但實際上對英語能力的要求還是有些許的差異。舉例來說，在澳洲中學以上教學所要求的英語能力，一般來說，會相對比小學容易些，因為中學以上學科開始分科，對於專業的要求往往相對逐漸升高，因此如果不是語言專科的教師，平心而論，對發音與腔調的要求，相對小學教師而言，會輕鬆很多。

畢竟，小學時期是語言發音紮根的時期，所以教育系中對英語程度與知識廣泛的要求，往往會相當嚴格，要不然任何一個學生用英語問一句：「老師，中國古代的毛筆是誰發明的？」妳就準備楞在講台上傻笑吧。同時，年級越小，家長對教育者的發音會越要求，因為教育者的一言一行，都是學生模仿的對象。換個角度想，儘管現任澳洲總理是中文系畢業的，你會信任他教你的小孩中文嗎？

因此，我後來遇到許多申請教育系就讀的華人，大多選擇往中學以上的專科教師發展，任教於中學以上的年級，或是擔任ESL(English as a Second Language)教師（註❶）。

也因為如此，一開始我不敢申請教育系，但是想當老師的想法，卻仍是腦海裡瑩繞著揮之不去。碰巧的是一九九五年，正好是澳大利亞學歷框架試行的第一年，昆士蘭科技大學與布里斯本附近的一家「幼兒教育文憑學校」互相簽署幼兒教育系的學分抵免機制，在該所文憑學校兩年所拿到的文憑可以抵免昆士蘭科技大學部份的學分。

而且該學校兩年畢業後的文憑，可以直接在澳洲的幼稚園找工作，於是傻傻的我就在歐媽的建議下，先選擇了該校的文憑課程，成為澳大利亞學歷框架下的第一屆「白老鼠」。

先選擇文憑課程有一個好處，就是文憑課程畢業後，可以先找工作，雖然要比直接進入大學多花一些時間，但是可以同時工作與讀書，對於經濟不是很充裕的學生，會有非常大的幫助。而且由於學歷框架中，也有用工作經驗抵免學分的規定存在，因此在澳洲，不管是在學校或是在社會上，「工作經驗」都是非常重要的。當然這也要感謝教育制度的設計過程中，本身就將「職業教育」與「高等教育」放在平等的位置。

☐ 理論與實用

幼兒教育文憑課程的課程，如果真要找一個形容詞來形容，我會用「理論與實用並重」來形容它的課程。「理論與實用並重」，似乎常常出現在許多大學的宣傳文宣裡，但這已經聽到令人麻木的詞彙，在澳洲的課程裡，是確確實實的在執行。

舉一門有關幼稚園管理的課程來當例子，有一陣子在教預防幼兒疾病的章節時，六個小時的課程裡，講師花了一個小時介紹最新的幼兒疾病與理論後，接下來的兩個小時是由鄰近兒童醫院請過來的護士長，當場試範各種幼兒疾病的處理方式。剩下的三個小時，則安排在與學校合作的幼稚園中實際觀摩幼稚園的處理程序。

整個課程的安排，是任課老師自行安排與設計的，學校只提供教學綱領與教學目標，實際課程雖然只有六個小時，但是任課講師必須設計教案、準備講義、安排流程、聯絡醫院相關人員合作、與幼稚園接洽參訪過程、在加上其他大大小小的流程，澳洲的老師，每個都像一個小企業的CEO（領導人）。

這樣的上課方式，對澳洲的老師與學生都是常態，理所當然的覺得上課就應該是在自然的討論與演練中渡過。

□ 建立自信心

幼兒教育文憑學校帶給我最大的收獲，其實是信心的建立。在台灣時候，我身邊有太多的「記憶精英」往往讓我不知所措，而我卻是那種最討厭死記的學生，一直到現在，我還是不能理解——寫不出一篇英文作文，卻能記住許多深澀單字的「記憶精英」到底有什麼意義？因此在台灣的我，其實並不是個很有信心的小孩。

但是在幼兒教育文憑學校，學習的感受完全不一樣，教師花許多時間設計出來的課程，藉著討論與實習，讓理論深植在學生的腦海，我能很快的了解每個學科的動機與應用，能迅速的融入幼稚園的職場環境裡。

教法自然活潑而且有組織，能讓學生能充份的吸收到所學的知識。在幼兒教育文憑學校畢業的同學，有三分之一在畢業前就已經在與學校合作的幼稚園找到了工作，企業對學校的信任由此可見一般。這也不難說明為什麼澳洲百分之七十的中學畢業生，會選擇進入職業學校就讀。

因此，我這隻「白老鼠」就在幼兒教育文憑學校裡，一步一步的累積起我幼兒教育的專業與對英語的信心，慢慢奠定起我申請昆士蘭科技大學教育系的決心。

澳洲帶給我最大的禮物，是提供我實施夢想的機會。

註❶：小學教育系的課程是根據「母語為英語的學生」設計的，小學教育系畢業後教授的學生為「母語為英語的學生」。而不論是TESOL(Teachers of English to Speakers of Other Languages)、TEFL(Teaching English as a Foreign Language)或TESL（Teaching English as a Second Language），教授的學生都是「母語非英語的學生」，因此課程的設計與教育系的結構是完全不同的。

學歷資格框架的優點

一位台灣學生的家長最近跟我反應，她一直想送孩子們到澳洲念書，因此，最近幾年，她著實對澳洲的教育下了一翻工夫去收集資訊。但儘管觀看了一些網路上的資訊與我之前的文章，她還是一直無法理解有關澳大利亞學歷資格框架的意義，也許是因為我才疏學淺，所書寫的文字無法清楚的解釋這個框架的優點。因此，直接以他的個案舉個實例吧。

這位家長的孩子叫Jeff(傑夫)，是我在台灣任教時一位中籍同事的孩子，他想到澳洲念網站設計。因為他的英文程度不夠申請上在網站設計領域有相當特色的大學，先生傑若米建議他先選讀職業學院的相關學系，因此，我們建議他選擇居家附近一所職業學院提供的文憑課程，這個課程畢業後，她可選擇直接用「文憑課程」直接就業或作為繼續深造的學分抵免。

如果他要直接就業，他所拿的畢業證書本身就是一張網站設計相關的證照，他不需要特別另外在學校機構外考試。同時，他在學期期末考的同時，能夠順便參加業界「微軟」或是「思科」的考試，直接拿到「微軟」或「思科」的部分證照，因為這些學校的課程設計，本身就已經與澳洲「微軟」及「思科」合作，所規劃的部分課程內容，就完全是「思科」或「微軟」的證照考試內容，且授課的講師本身就是「微軟」或「思科」的資深工作人員。

傑夫選擇的這兩年制課程，在課程介紹的資料中，很清楚的說明這個課程能夠抵免昆士蘭州某個知名大學的科技課程兩年學分，因此如果他要繼續深造，他完全不會浪費到任何時間，當然，前提是他能夠順利的畢業。

這個學校間學分抵免的制度設計，以及企業證照制度與學校教育的結合，就是澳大利亞學歷資格框架最大的優點，整合了企業與學校的資源，對雇主與學生都是一個雙贏的策略。

因此，簡單的說，澳大利亞學歷資格框架的意義，就是將中學、職業學校、大學、證照機構等等教育機構所開設的課程，以及互相銜接的管道，透過這個框架整合起來，廣泛的運用到現實生活中的所有產業，包括美容、美髮、建築、焊接、行政管理、教學、廚師、糕餅師、會計、精算、電腦、通訊等所有產業。

我後來發現，台灣許多家長無法理解澳洲教育制度的優點，原因在台灣的證照制度和澳洲的證照制度是不太相同的。台灣的證照制度，許多產業的證照仍然與學校教育關聯不大，因此，我在台灣任教的四年中，常常看到我家教的大學生，非常流行考證照，因此在準備學校功課的同時，還得花許多時間在學校圖書館裡準備證照考試到深夜。

曾經在與一位學生閒聊的同時，她很無奈的表示：「沒辦法，大家都在考，你不考，比不上別人。」言談中充滿的唏噓與無奈，一直深深的刻印在我的腦海。

在澳洲，完全不然，整體教育制度的設計，已經盡其所能的把大部分的證照考試，融入學校的教育裡面。說穿了就是在學校教育的同時，上課的內容與所拿的學分，就相當於業界的一個證照了，因此，仔細的研究澳洲的高等教育及職業教育，為什麼會在學位外，多了文憑與證照兩種課程選擇，就在於此。在許多學校裡面所選讀的Diploma（文憑）與Certificate（證照）課程，不但可以抵免繼續進修的教育學分，還可以被業界承認，除了一些特殊的系所與專業必需另外有專業考試外，大部分的證照都逐漸與學校教育完美的結合。

因此，為什麼澳洲人總是給人一種悠閒、輕鬆、甚至是懶散的感覺？不是澳洲人特別聰明，也不是澳洲人特別懶散，而是因為如此的制度設計，讓澳洲人不需要焚膏繼晷，一件事情用兩次工。我總不認為澳洲人與華人在人性上有太大的區別，真正的區別在於環境與制度引發出的效率，與其說澳洲的生活悠哉，為什麼不去探視悠哉背後的智慧與制度呢？■

AMP
AMP
AXA AUSTRALIA

CHAPTER 06

外籍老師在台灣。

才藝班，沒有錯

二〇〇八年台灣的暑假，我應台南縣政府英語輔導團的邀請，到台南縣一所位於水庫旁的小學演講。演講的對象，是台南縣所有的英語輔導員。

演講結束後，我有點頭暈目眩。因為雖然是暑假，那段時間我恰巧正忙著一所雙語幼稚園的籌設，又同時參加小學部引進國際ＩＢ課程的規劃，每晚九點為女兒唸完故事書，哄她入睡後，我仍然必須忙到深夜兩三點。

當我正想找個地方坐下來休息時，有一位英語書籍的代理商，走過來向我推銷一套兒童英語書籍，以及他所經營的「幼兒天才訓練營」。

原本在演講後，我已經疲憊不堪，在他朝我過來時，心裡直想著快點離去。但是，他充滿自信的態度與推銷內容的一段話，勾起了我對那套書強烈的興趣。

我至今一直記得非常清楚，他是這麼說的：「這套書是我特地從澳洲引進的，只要你買了這套書，坊間所有的英語教材，你都不需要買了，因為這套書已經涵括所有兒童需要的英語教材。」「用這套書，再來我的天才訓練班，保證妳的小孩被訓練成天才。」「這套書好到什麼程度呢？好到我特地去找編寫這套書的澳洲教授，結果他們已經不寫了，如果你不買，市面上以後不會出這麼好的書了。」

聽到這三句話，雖然我並不想讓女兒漢娜變成天才，但是「從澳洲來的書」與「涵括所有兒童需要的英語教材」這兩段字眼，著實讓我昏昏欲睡的腦袋振奮了一下。畢竟，在台灣能夠遇到從澳洲來的人或物，心中倍有一種親切感。

其次，教書那麼多年，我很有興趣的部分是，哪一套書籍能夠如此包羅萬象，涵概面如此的廣，而且不再編寫下去，那是多可惜的一件事啊。

因為，不論我在澳洲或是台灣的國際學校，在中小學或幼稚園裡，大都是不用課本的，教師們必須在每堂課前，花許多時間替學生設計教材與講義，因此好的教師，對於好的英語教材，必定是需求若渴的。

我懷著興奮的心情接過書商遞過來的兩大信封，他說裡面是套書的文宣與「幼兒天才訓練班」的介紹單，與他寒暄一陣後，便匆匆的與傑若米離開該所小學。

在回去的高速公路上，我打開信封，看到那套書名的瞬間，莞爾一笑。原來那套書，在澳洲，我非常熟悉。

那是一套非常古老的書，十年前，我在澳洲小學擔任代課老師的那段時間，曾經參考過它用來編寫有關字母方面的教材。在我的認知裡，它雖然算是豐富，但絕不可能如該代理商所說：「買這套就夠了。」

如果需要對那套書作一個註解，我認為它在訓練小朋友認識字母方面，值得借鏡，但是平心而論，我一點都沒有辦法把它與天才畫上等號。

不再編寫下去的理由，我並不清楚。但是澳洲教學方法一直持續進步，每隔三至四年就有一次翻新，在這樣的情況下，一套十幾年前的英語教材，不再改版或改編，似乎不是件令人意外的事吧。但是那套書在台灣的價格，卻是得花上一個教師兩個月的薪水。

另一件讓我難以忘懷的故事，發生在同年的八月份。八月的某一天，我和傑若米悠閒在台南市區的街道上閒逛，經過一家知名品牌的連鎖英語補習班。櫥窗上，一張印刷精美的暑期幼兒英語才藝班的海報吸引了我的注意，上面專業的介紹著該課程所採用的教學方法，說明著專收三到六歲的幼兒。

海報上標榜的教學方法，我非常熟悉。因為那個方法，在澳洲的小學低年級，是一個被廣泛使用的教學方法。剛開始看到那張海報時，我非常雀躍，高興的是正統的英語教學方法，能開始應用在台灣才藝班上，不正代表著台灣的才藝班，品質的提高與進步嗎？

直到我回到家中，我才猛地想起，為什麼澳洲小學低年級才使用的教學方法，會用在三到六歲的幼兒身上呢？

代理商向我推薦的書是一套流傳久遠，值得參考的書，但絕對不可能一套書籍行遍天下，或是因為一套書籍，就讓小孩變成天才。在澳洲，一套英語教科書的出版與行銷，必定伴隨著周邊許多專業的輔助教材，其中必定有該書籍的使用目的、適用年齡、教師手冊等等。沒有太多的口號與標語。

同時，一個教學方法的研發，都是經過無數研發人員嘔心瀝血，經歷多少寒暑，在數個學區的反覆試行，再不斷修改與訂正後，才能決定適用的年齡與對象，終而施行。

我無法理解，在台灣，為什麼一套普通的英語教材，可以在才藝班裡被吹噓成無所不能？而一個以英語為母語的澳洲，小學低年級後才使用的教學方法，竟然在台灣的才藝班裡，應用在幼稚園上。而英語，甚至都還不是台灣的第二語言。到底是台灣的小孩特別天才？還是太多的口號與標語，讓台灣的家長無所適從，已經不知道該相信誰。

澳洲也有才藝班與課後輔導，同時，身為職業母親的我，相當認同才藝班與課後輔導的存在。在台灣任教四年，我看到了許多坊間對才藝班正反兩面不同的看法，「才藝班」這個話題，似乎永遠都是教育雜誌上的專題常客。

我個人認為，才藝班，本身並沒有錯。問題在於才藝班裡，太多不實的廣告與包裝。■

外籍老師看一綱多本

二〇〇九年年初，我和一群台灣的中籍教師朋友，在台灣高雄的一家咖啡廳品嚐咖啡，一位中籍教師問了我一個問題：「Sharon，請問妳對台灣的一綱一本與一綱多本有什麼看法？」。

聽到這個問題，我腦中的第一個反應是：呃，什麼是一綱一本？當下我很誠實的告訴他，可能是因為語言轉換的關係，我並不了解什麼是一綱多本和一綱多本，因為我腦中的教學知識與字彙，全部都是以英語進行，在當下，我沒辦法把英語的知識與中文的知識連貫起來。這個話題，後來就不了了之，淹沒在一群小學老師的八掛話題中。

但是在回到家裡，我突然心血來潮，在上網收集教材之餘，在搜查引擎上鍵入「一綱多本」的關鍵字，一堆相關議題的文章湧現在我眼前，其中，不乏許多教育專家的見解與相關研討會的報告。我挑出數十篇相關的文章與評論，開始仔細閱讀，這些文章，或長或短，多是在討論採用一綱一本或是一綱一本的得失。

但是，令我怵目心驚的是，我愈讀這些文章，愈覺得匪夷所思，愈讀這些文章，腦中的思緒，愈發的澎湃洶湧。我所不能理解的是，究竟是我在澳洲十幾年的教學觀念出了問題？還是我對台灣「多本」或「一本」的爭議所收集的資訊，不夠完全，不能了解台灣爭論這個議題的真義？

在查詢這些資料之前，我從來沒有比較過「一綱一本」或是「一綱多本」這個名辭。但是，最讓我不能理解的是，這些資料，卻一而再的顯示，一綱多本，應該是廣泛被西方教育所使用。

我繼續往下深究，終於對這些問題有了些粗淺的了解。台灣的一綱一本，是根據一個課程綱領，各學校統一指定使用一本教科書供教師使用，教師不用選教科書。台灣的一綱多本，是根據一個課程綱領，各教師各自使用不同的教科書，重點常常變成要使用哪本教科書之類的問題。

但是在澳洲，教育的重點不是在探討要用一本教科書還是多本教科書，因為教師已經被訓練成必須根據課綱整合多種課本的知識與教學資源，編寫上課的講義。因此，教師的關注點，通常是教學綱領到底好不好，重點在教綱本身。

當我在咖啡廳裡，被問及有關一綱一本與一綱多本的看法時，我無法立刻回答，原因是，在澳洲我從來沒被問過要用一本教科書，還是多本教科書的問題。在澳洲，從幼兒教育到中小學的教改裡，我最常接觸到的是以下的三個議題。

第一個議題，是「如何提升教師的專業程度？」我在前文曾有提及，澳洲的教師訓練，從大學開始，本身就被訓練成具有編寫課程綱領的能力，並根據課綱整合多種課本的知識及各種教學資源教導孩子們。這樣子的訓練，從教師踏入大學的第一天開始，就已經開始。久而久之，上述的能力不再是一種訓練，反而變成一種習慣，甚至蔚為風氣。

當然，這個議題，還包含了如何改革大學制度、如何提升大學的品質、提升教師的薪水等等。

第二，當教師的專業能力被提升，所有的教師都習慣自己根據課綱，整合各種教學資源來編寫教材時，另一個議題就產生了。「教學資源是否足夠？」這裡的教學資源，不僅僅只是包含教科書或課本，舉凡各種電腦媒體、電影、雜誌、各種學科的專業書籍、科學館的發行物、美術館的出版品、博物館的刊物、各行各業的相關出版品等等，無一不是涵蓋在教學資源的範疇內。

當然，書籍是所有教學資源的最基本，因此，書本的分類與管理，當然也特別重要。因此，圖書館的管理與提升，在澳洲的教育界，往往也是很重要的議題。甚至不僅僅是澳洲，在國際教育界，一個有圖書館專業背景的教師，往往是非常受到重視的。

第三，「中小學生的升學考試制度」也是一個重要的議題。不管是升學制度的設計，或是升學大考的考題，都必須能夠配合國家教育中的課程總綱或是州政府的教綱。充滿彈性之餘，又不偏離整體國家教育的方向。

其實，澳洲原本是沒有一個統一綱領的，澳洲政府目前也在進行統合各州的教綱，計畫編寫出一部適用全國的教學綱領。在澳洲，課程總綱的最高編輯單位叫澳洲課程綱領、評鑑與報告當局(The Australian Curriculum, Assessment and Reporting Authority)，同時負責課程總綱的編輯，以及各種評鑑制度的設計與執行分析。

但是，這個重大的改革，各州政府與全國教師的著眼點，是在於這個綱領到底寫得好不好，有沒有比各州政府自己編寫的教綱更完善，而不是要不要指定教科書？因為著眼點正確，這個綱領的發展過程，是清清楚楚的公布各大報章媒體，一步一步的邁向完善之路。■

書店怎麼可以關？

一個週末的下午，我正在書房裡設計下一週上課的教材，傑若米跑進書房，興奮的跟我說：「曉雯，你從網路書店訂的書寄到了。」我站起身來，暫時結束手上的工作，走出書房，心裡愉快的想著，「這個週末我可以好好來看一看書了。」

這件事情發生一段時間後，在台灣的住家附近，一家我們常去看書的書店倒閉了，這間書店倒閉，讓我心疼了很久，因為，這已經是我回台三年內居家附近倒閉的第三間書店了，也是我住處附近，最後一間頗具規模的書店了。這情形，一直讓我百思不解，一個很重視教育的國家，尤其是一個想要實施一綱多本的國家，書店怎麼會不斷的關閉呢？

「在台灣教英文遇到最大的問題是什麼？」曾經有人這樣問我。

是面對一些自以為是，喜歡教育老師的家長嗎？好像不是。

是遇到一些很愛批評，卻沒有專業教學能力的金髮碧眼嗎？這我挺不喜歡的，但似乎也不是最大的問題，在澳洲面對了十多年的種族衝突問題，久了，對這種情形也將近麻痺了。我後來想了一下，回答說：「應該是英文書籍太少，每次編寫教材都必須花很多時間吧。」

因為每個週末都必替自己任教的班級編寫下週的教材，沒辦法找到合適的繪本，我必須從頭到尾自己設計，所花費的時間幾乎是在澳洲的三倍以上。甚至有時候，幸災樂禍的傑若米還會在旁邊搧風點火：「你別當老師了啦，直接改行寫英語童書繪本好了。」要不，就是在旁邊鼓吹說：「別那麼累了，隨便拿本書教教就好了，你看巷口那個老外，不也都這樣？」傑若米是個很貼心的老公，雖然嘴巴唸著唸著，還是會口不對心的接過我寫好的教材，照我的要求，開始在上面畫上可愛的插圖。

坦白說，台灣的英語資源真的嚴重不足，但是書店卻是一家又一家的消失，根據我認識的書商說法，是因為景氣不好，買書的人變少，所以導致眾多書店一一的歇業。但令我納悶的事情，既然景氣不好，買書的人少，書店逐漸消失，那為什麼才藝班那麼多呢？我很驚訝的發現，每經過台灣的任何一間中小學，學校對面最多的不是書店，而是才藝班？

□書店的重要性

我會對台灣書店如此重視的原因，不但是因為本身對於閱讀的興趣，在編撰教材時對於書籍的大量需求是另一個原因。尤其是對於孩子們的英語教學，搭配不同的教學主題，結合適合孩子們英語程度的兒童繪本，設計出引導孩子們聽、說、讀、寫等不同能力的英語教材，這樣子的教學方法對於合格的外籍老師來說，應該是最基本的教學能力。如果書店一家一家的倒了，那對於這些用心的老師們，去哪裡收集教材呢？

從網路訂購，對於我本身而言，不夠實際。為什麼，因為對於一個老師而言，儘管我能夠在學期初開始，就根據教綱計畫好這學期可能參考到的繪本或是書籍，但每次臨到上課前的一段時間，絕對會因為學生每個情況的不同又萌生出不同的創意與想法，而當到了這個時候，再從網路上訂書已經是遠水救不了近火，來不及了。而叫我完全忽略學生進步的情形，僅只使用學期初就規劃好的繪本及教科書，又是我無法做到的事情，**一個教師，怎麼可以忽視學生的進步，然後只給與孩子們定型的教學內容呢？**

但是往往必須面對的現實，可能是下週一突然需要一本繪本，而那本繪本偏偏又掛在美國的亞馬遜書店上，遙不可及。於是我只好自己提筆撰寫，再多花些精力在講義的編撰上。「常常找不到需要的書籍與繪本，是我在台灣教英文遇到最大的問題之一。」

書店是另一個圖書館

我在台灣，重視書店的第二個原因，是因為我很驚訝的發現，相比起澳洲來，台灣的民營書店，似乎取代了許多圖書館應有的功能。這句話怎麼說呢？一個管理完善、典藏豐富的圖書館，或是經營良好、藏書豐富的書店，應該都是教師最喜歡去的寶庫。但是，雖然圖書館與書店都是藏書豐富，且功能有許多地方重疊，但是在性質與方向上還是有所不同。

澳洲的圖書館，不管是中央圖書館、州立圖書館、市立圖書館、甚至是地方上的圖書館等等，都是管理的新穎漂亮，安靜舒適，且藏書大都能透過館際間的資訊合作互通有無。而澳洲的書店，往往是私人經營，著重在複合經營與個別的特色。舉例來說，書店結合好喝的咖啡(是真的好喝的咖啡)，在澳洲是很普遍的經營方式，這點我在之前的文章已有提及。在澳洲，圖書館是教師們收集教學資源與民眾閱覽的主要地方，而書店相對來說，比較傾向私人買書，休憩，看書等複合經營的場所。功能相像，但又有很多的氛圍隱隱不同。

但是在台灣，似乎許多地方圖書館的館藏並沒有想像中的豐富，也常常有書本老舊或是書本佚失的問題。我曾經很努力的到許多大專院校的圖書館詢問需要的書籍，往往也都是無功而返。回到台灣的第二年，我幾乎已經把台灣的書店當作我收集教學資源的主要地方，對我來說，書店取代了大部分圖書館的功能。

因此，當居住的地方，又關閉了最後一間書店，我的心糾結了起來，氣急敗壞的問著傑若米：「書店怎麼可以關？」「這裡的居民都不看書，也不買書嗎？」在我的認知裡，儘管網路再怎麼發達，資訊提供再怎麼豐富，實體書店中書頁觸摸的手感與氛圍，是網路書店無論如何也無法取代的功能吧。

書，是一切知識的基礎。一個國家發展的方向，不論是要著重在教育產業，或是發展文創產業，書，不就是這些知識產業的基礎嗎？如果連最基本的「書本」都管理不好，又如何議論要發展許許多多的知識產業，甚至要把英語當作第二外語了？

我在台灣居住的地方，是頗有名氣的文教區，各個大街小巷充斥著各級學校與許多外語補習班，教師居住在這裡的比例應該是算高的了。但是這樣的人口與文教區，撐住了無數的才藝班與補習班，卻撐不住一間書店？家長寧願每個月付出數千元的補習費，繳給許多來自海外找不到工作的外籍木匠、水電工、理髮師等非教師行業的人士，卻不願每月多花一千元買些繪本與書籍給孩子們，到底這個教育，問題出在哪裡似乎很明顯了。

我不禁幻想起來：「如果這附近學校的教師們，不論是國文、英文、自然、或是史地等等的教師，都能不僅使用教科書，而是每週能夠多參考些書本編寫出適合孩子們的教材；這附近的家長，也願意讓孩子們少補點習，多買些書籍或繪本給孩子們。這家書店，應該就不會關了吧！」

教育，要用心，不要擔心

在台灣的時候，我曾經在課餘，擔任過兩位在職人士的成人英語家教。A先生與B先生其實英語一點都不差，兩位都是留美名校商學院碩士，程度都相當優秀。會找我的原因，是因為他們的工作上，需要大量的英文，他們要長期保持與外籍人士對話的流利度。

因為是成人英語教學，這兩位學生的要求只是想純粹的與外籍人士以英語交談，不需要準備教綱，上課就是在咖啡店裡天南地北的聊聊天，因此我費用收得相當便宜。

有趣的是，兩個學生是國小同班同學，出國後竟然也在同一個學校的系所，畢業後返台工作，各自結婚生子。巧的是，這兩位學生父母親也都是小學老師，雙方父親還同時從同一個學校退休。

極度相似的家世背景，這兩個同學出社會後的發展差異卻相當的大。

A先生的父母，本身也是高知識份子，從小就相當重視A先生的教育，親子雙方關係相當融洽，退休後因為生活無虞，夫婦倆自掏腰包，學了一年的陶藝製作後，自己經營了一個陶土補習班，教教學生，相當用心的生活。A先生從美國返台後，妻子生了一對雙胞胎，休息半年後，將孩子委託給父母幫忙照顧，自己則與太太專心在外工作。

A先生的父母生活相當用心，不論是在孩子或孫子的教育和溝通上，這個家庭最常見的親子活動，是每周六的早晨，全家一起到朋友開的咖啡館一起享用早餐，順便溝通家裡的大小事。這對爺奶們對自己的成長相當用心，雖然年近七十，會用網路找資料，也會用用MSN聯絡朋友，自從媳婦懷孕後，最常做的事情是到誠品研究孫子教養方面的書籍，與兒媳們討論孫子教養方面的問題。孫子還沒出生，爺奶們就在家裡旁邊投資了一棟房子，雖然不是A先生的名下，但讓A先生夫婦至少有自己的生活空間，又方便照顧父母。孫子七個月大的時候，尿布、嬰兒床、奶瓶、衛生紙巾都已經備齊，一切就緒，準備孩子們的到來。

A先生是個很有安全感的孩子，我準備回澳洲時，他剛好升為一家外商公司的副總經理。他的太太，後來與公婆合作在陶土才藝班中拓展英語教學，在當地也小有名氣。從這個家庭裡，我看到了用心的教育與終身學習的精神，讓兒孫們充滿了安全感。

那個用英語上陶土的課程綱領就是我協助規劃的，也是藉著這個機會認識了這個有趣的家庭。

至於B先生則有不一樣的故事。B先生的父母親，一樣是老師，任教三十年後，終於順利退休，享受退休生活。

B先生的父母，是容易緊張的人。小的時候，擔心他功課不好；擔心他英語不佳；沒有結婚時，擔心他娶不到老婆；他結婚後，擔心夫妻倆養不起自己；兒子在台北找到工作，擔心台北房價太高，買不起房子；B先生沒換工作，擔心他薪水太低；跳槽後，擔心他老是換工作；擔心他身體不好等等，一路無止盡的擔心下去。

重點是，爺奶們無法將擔心化為較具體的行動來幫助B先生，擔心歸擔心，B先生從小到大總是必須咬著牙瞞著父母面對所有的困難。

B先生不論做好做壞，父母清一色的都會擔心。擔心到最後，他不願意再跟父母說實話，不敢讓父母知道任何事，因為擔心，最後甚至演變成兄弟姐妹互相責怪的藉口。爺夫婦倆越擔心，家庭情況是每下愈況，各種大小麻煩不斷，整個家族瀰漫在悲觀的氣氛中，B先生不但得忙於自己的工作與家庭，下班後還得為許多的無謂的擔心疲於奔命。如果只是一昧的擔心，不能樂觀的面對問題，務實的解決問題，即使有再好的起始條件都是枉然。父母本身不能用心於自身的成長與學習，讓過度的擔心變成對孩子們的苛責。我離開台灣的那個月，B先生換了返國後的第五個工作。

我和這兩個學生相處足足有一年半的時間，透過每周一次的英語咖啡時間，我對雙方的家庭都有了相當的了解。這兩個書香世家，不論是父母的學識、小孩的天資、甚至經濟的環境，都是如此的相像，然而最大的差別是什麼呢？當A先生的父母，從A先生年幼開始，只要遇到不能解決的問題，他們會跟他說：「孩子啊，這個問題我們一起來討論討論吧。」而當B先生遇到不能解決的問題時，他的父母跟他說的話是：「孩子啊，你讓我很擔心啊！」如此而已？是啊，如此而已。但是透過這兩句完全不同的話，卻點醒了我對家庭教育特質裡，用心與擔心的區別，以及對孩子爾後深遠的影響。

這個現象不是台灣特有的，澳洲也有許多類似的家庭，一樣有正面積極的陽光，也有負面消極的呢喃。

這些年，我看到許多家庭的孩子們，與他的父母有著良好的互動關係，這從孩子們完成的家庭作業就可以看出端倪。同樣的，我也曾處理過複雜的孩子問題，孩子們不停得跟我抱怨，他的父母整天只會對著他們說：「Son,I am so worring you.（孩子啊，我很擔心你吶！）」講完話後，家長繼續看著他的電視，或是沉醉在酗酒的虛幻的世界裡，留下滿頭霧水的天真孩子在一旁思考：「啊！我今天作業都做完了，到底我老爸在擔心我什麼？」

自從我結婚生女後，我開始能有所體會父母對於孩子的愛心與關心，是無遠弗屆，很難改變的。同時，身為一個教者，更能體會到從一個教師轉變到母親的過程中，原來差異是如此大的。在教養孩子的過程中，一定會遇到許多壓力，來自於社會、環境、工作、先生、甚至是父母、公婆等不同的方面，這些壓力，我們都得一步一步的克服，對我來說，「用心，不要擔心。」是最好的方法。

腔調不是重點，發音、語調才是

二〇〇八年，我在台灣任教的第二年，趁著寒假的空檔，抽空回澳洲探訪歐媽，離開密閉的機艙，搭車來到歐媽家後，與歐媽來了一個親密的擁抱，放下行李，做個簡單的梳洗後，和歐媽一家人，坐在久違的後院，喝著下午聊天。

話題還沒開始多久，麥可突然冒出一句話：「曉雯，你的英語怎麼變得怪怪的？」正當我我心裡想著，不知道如何回答這奇怪的問題時？旁邊珍妮突然插嘴說：「不是她英語怪怪的，是她的英語摻入了許多外國的的腔調，你才會聽起來有點陌生，這種情形，回來一陣子就會恢復了。」我愣了一下，只離開澳洲一年多的時間，曾幾何時，我的英語竟會讓這個相處十幾年的家庭感到陌生，但對這個問題，也只是感嘆了一下，就此過去了。

身處不同的環境，與不同的民族相處，會影響語言的腔調改變，是很正常的事。然而，會對這件小事印象深刻的原因，是因為後來在台灣任教英語的那段時間，我遇到許多家長對於英語的發音與腔調有許多錯誤的認知，花了許多的補習費，卻不重視孩子英語學習機構的課程綱領與教學方法，只一昧盲目的崇拜腔調與外師，在孩子英語學習的過程中，植入了許多錯誤的英語觀念。

影響腔調的兩大元素，發音與語調，是學習英語應有的必要認知。

所謂的發音，是任何語言的基礎，強調的是，如何正確的運用舌頭、牙齒、及嘴唇等器官發出正確語音的過程。發音，重視的是咬字要清楚，吐字要清晰，在發音的過程中，舌頭的位置、嘴唇的形狀、牙齒的密合度等等才是影響發音清不清楚的原因。

而英語中，英式發音、美式發音雖略有不同，但對學生來講，並不影響英語的學習。了解美式發音，也了解英式發音，甚至可以起到互相印證，與加強印象的效果。

而語調，是一句話裡聲調高低抑揚輕重的配制和變化，是影響語言腔調以及表達語言美感的重大元素之一。

英語有正確的語調，但是語調的包容性相當大，英語之所以能成為國際語言，英語語調對於其他語言語調的包容性是一大主因，同時也是英語容易產生各種腔調的主因之一。我任教過許多不同國籍的學生，很驚訝的發現，許多學生的英語問題，其實就在於忽略掉了語調的訓練，在對自己的英語學習中，完全將自己母語的語調使用在英語的語調中。

了解英語基本的發音概念，家長才能客觀的了解孩子們，真正的問題到底出在哪裡。

舉個簡單的例子，我曾經在台灣認識一位加拿大籍的合格外籍老師，非常以自己英

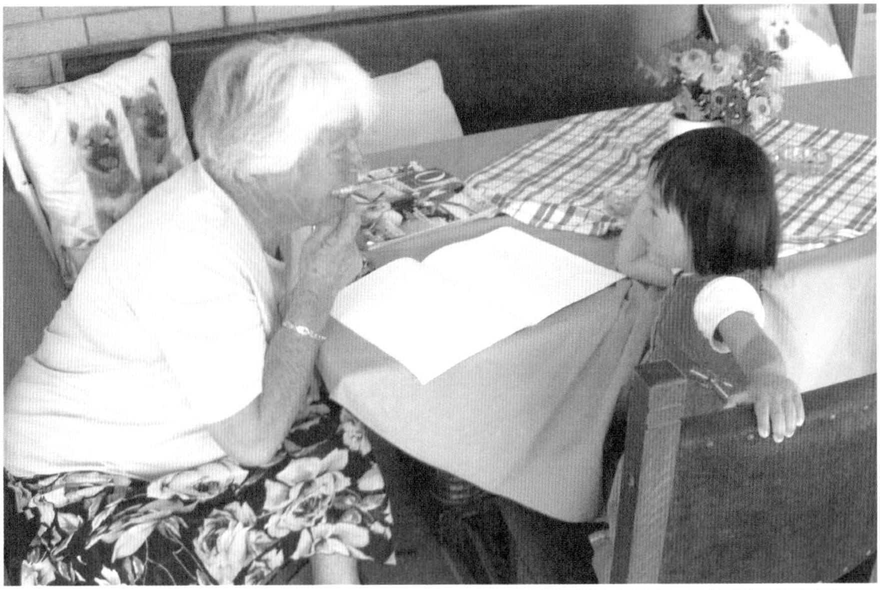

歐媽張著大大的嘴巴，要女兒看清楚他發音的過程

語能力為傲，頗受家長追捧。但是，因為他本身在說話時，有咬字不清晰的毛病，換句話說就是台灣俗話的「大舌頭」，加上他來自法語區，英語的語調裡帶有強烈的法國語調，於是造成許多家長誤認為，原來加拿大法語區的腔調就是如此含混不清。

但另一個在同在一個地區長大的外籍老師，個性比較謙虛含蓄，同樣會說英法雙語，雖然他的英語仍然有帶點當地法語的語調，但發音咬字清楚，吐字清晰，英語確實說得非常好聽。

但實際上，前述外籍老師的問題是舌頭的不靈活造成的發音不正確，與法語區的腔調關係似乎不大。「腔調」，替「發音」背了莫須有的罪名。

這個故事也告訴我們，並不是外籍老師，就不會有發音與語調的問題，即使是外國正統教育系畢業的學生，一樣很多有發音與語調的問題，因為，這個世界真的太大了。

再舉個例子，在語言碩士學位畢業後，我曾經在澳洲的大學語言中心兼過，當時，我遇到許多來自印度、巴基斯坦、日本、韓國、甚至是台灣的同學。每個來自不同國家的學生，所說的英語都帶有各自國家的語調。雖然是同樣的國家，有些人的英語發音清楚，吐字清晰，但有些人的英語發音就是模糊不清，像嘴巴裡含了一顆滷蛋一樣。英語說的好的學生，在國外是如魚得水，不管交友工作，都還算順利。英語說的不好的學生，常常就是四處碰壁了。

因為澳洲的語言測試雅思（IELTS），同時要考英語的聽、說、讀、寫，這些學生裡，有許多亞洲國家的學生，因為聽說的能力不佳，又在到澳洲後，被外籍人士嘲笑腔調引發的自卑，幾乎已經放棄了「聽說的能力」這兩項考試項目，整日焦慮不安。

但在教過這些學生後，我很驚訝的發現，這些學生英語聽說能力不佳的原因，是他們在從小英語的學習過程中，雖然學過英語發音，卻完全忽略了語調的訓練。

我針對這群亞洲的學生們，都會特地在他們的課程中加入正統的發音與語調訓練，不到四個月的時間，他們聽與說的成績都有明顯提升，英語也說得越來越好聽，愈發有自信，儘管腔調仍然無法說得像外籍人士一樣，但是應付考試，已經措措有餘。看到這些學生，對英語的信心逐漸的進步增強，從一開始對英聽與對話感到懼怕，到能夠自在的與外籍人士交談，是身為教師最有成就感的事。

發音與語調對腔調的影響，在語言學上，其實是相當複雜且精深的課題。儘管英語的教學方法不斷的在演進，但是發音與語調，仍然是英語學習裡，最基本與需要重視的問題。

許多台灣的補習班，一昧的強調美式發音，卻完全忽略了學生真正的問題到底出在哪裡？甚至連外籍老師本身，都有發音或語調上的問題。這已經是本末倒置，偏離英語學習的重點了。

此外，有些打出單學英式發音會聽不懂美式發音的文教機構，也是誤導家長們進入了英語學習的誤區。想想看，語言最基本的目的就是溝通，儘管美式英語能自成一個體系，具有相當的特色，但對於一個如此強調多元文化，兼容並蓄的智慧大國，怎麼可能把自己國家語言的發音改成讓世界聽不懂的發音呢？學習美式發音就聽不懂英式發音，是小題大作的藉口。

在英語的發音裡，是用Articulate這個字來形容英語的發音。Articulate這個字，原意是人體的關節，引申到形容詞後，有隱喻發音要像關節的碰撞聲一樣，清晰有力。因此，只要是英語的發音清楚，語調的抑揚頓挫不要偏離太過，就是很好的英語。尤其在這個國際化的時代，英語的腔調不斷的在融合與演進，尤其是西方國與國之間的通婚與工作交流，傳統印象中的正統腔調早就已不知淹沒在哪個時代的洪流中。因此，英語的學習，仍然要追本朔源，定睛在發音的矯正與語調的練習，卻不一定要盲目的崇拜特地的腔調，反而忽略了語言最基本的功能——溝通。■

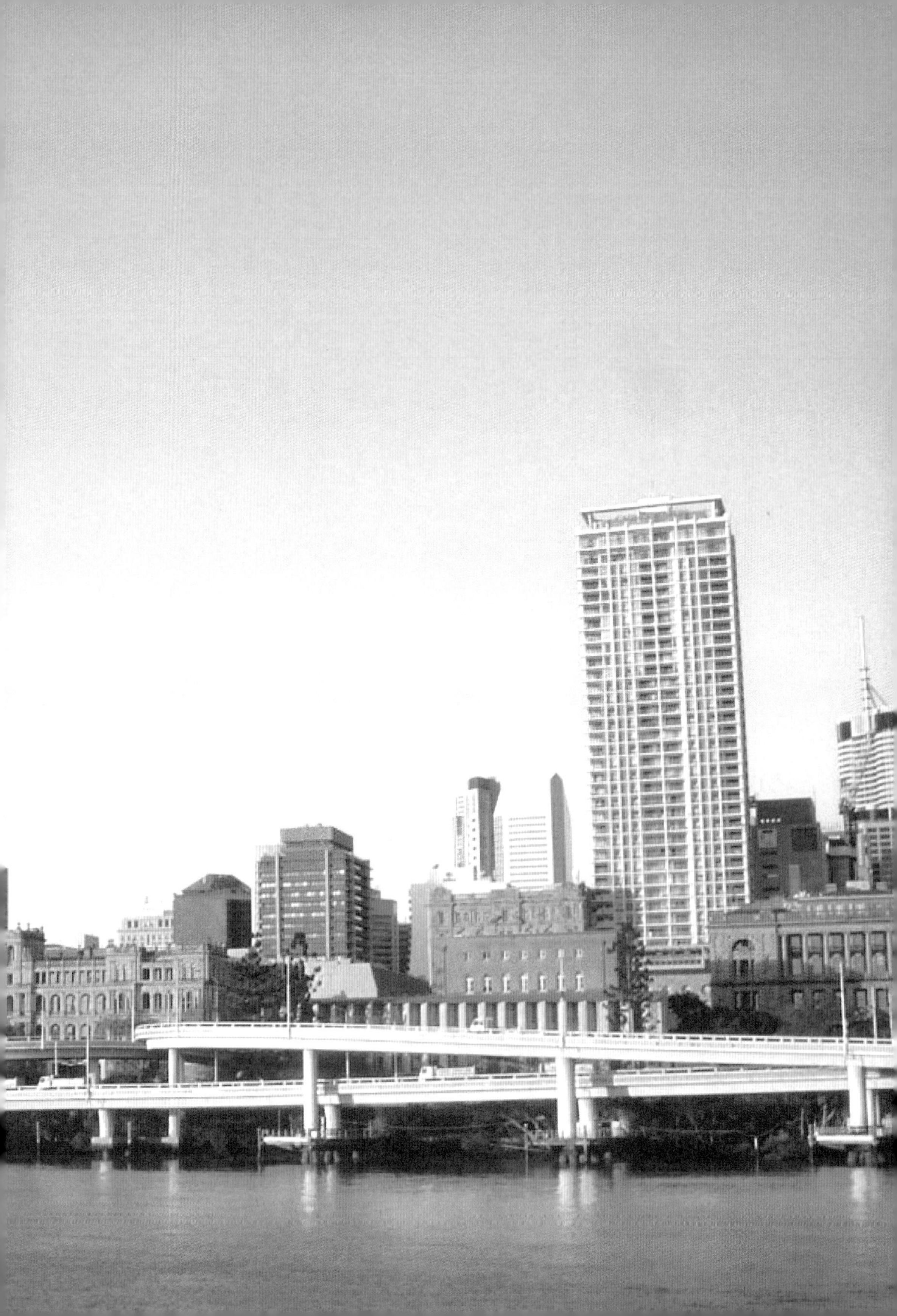

Allianz
AQUARIUM

CHAPTER 07

澳洲的國家品牌。

國家品牌，人民是資產

在FutureBrand所作的國家品牌(CBI, Country Brand Index)調查裡，除了二〇〇五年的世界第二與二〇〇九年第三外，從二〇〇六到二〇〇八年的時間，澳洲有連續三年蟬聯世界第一的記錄。

相較於其他的大國，在文化與歷史等等的評比方面，澳洲其實是相當吃虧的。別說文化悠久的英國，就連建國僅僅兩百多年的美國，都比澳洲足足多了一百多年的歷史，因此，澳洲，憑什麼打造出世界第一的國家品牌？

安定的生活空間、良好的治安、穩定發展的經濟、完善的政治制度這些因素，是近五年來澳洲在國際品牌上取得傲人成就的原因之一，而這些社會與環境因素，又與澳洲的人民有絕對的關係。

因此，人民，在澳洲打造國家品牌的過程中，扮演著相當重要的角色。因為不論是生活空間、治安、經濟、或政治，在在都是以人為本的社會活動。

澳洲旅遊局行銷總監尼克．巴克(Nick Baker)，在接受台灣遠見雜誌的專訪中，就曾經指出澳洲國家品牌排名優異的原因之一，就是友善的人民：**「成功的秘訣，在於我們的人民。是澳洲人將澳洲塑造成一個獨特國家。」**此外，他更進一步分析：**「國家品牌能否成功更在於，政府、企業、人民三者之間是否形成共識，合作無間。」**

然而，友善的人民從何而來？人民的素質如何提高？

當這個議題被拋出來的同時，幾乎所有人一致的認為，答案是教育。也就因為如此，在澳洲，到處可見澳洲對於國家整體教育的重視。

因為重視教育，報紙的頭條新聞，除了明星、刑案、或是金融等等議題外，教育議題也常常登上新聞頭版版面。因為重視教育，即使地區在偏遠，各處都能看到許多地方貼著政府貼的告示牌「Education Is Our Future（教育是我們的未來）」，宣示著政府重視教育的決心。因為重視教育，總理上台的施政重點之一，就是教育。又是因為重視教育，我這個一點也不資深的教師，在澳洲短短的十幾年間，同時也歷經了十幾年的教改，而且真的越改越好。

澳洲教育，對於這個國家的影響，真的是實實在在的透過澳洲人民這份資產，表現在澳洲的經濟、社會、與金融等等各個面向，也因此，讓澳洲這個比大比不上美國，比久比不上英國的國家，在國家品牌的各項評比裡，屢屢奪得佳績。

二〇一〇年，亞洲地區除了日本以外最大的商業銀行──匯豐銀行所作的一項調查，也顯示出類似的訊息。匯豐銀行調查在中國香港、新加坡、英國、美國、阿拉伯聯合酋長國和澳大利亞僑居的三千一百個僑民家庭，這些家庭分別來自五十個國家和地區。

在該項調查中，調查的內容針對孩子們的照顧、養育、就學、戶外活動、學校融入程度、同學是否友善等等移民家庭所面對的問題，其中，又是澳洲拔得頭籌，被認為是最適宜移民家庭兒童成長的地方。

在澳洲的歲月裡，有兩年的時間，我曾間透過追蹤者系統（Tracer），在昆士蘭州西區及南區等區域的各個小學授課，也曾經在幼稚園裡，擔任副園長及學前班教師的職位。透過我自己的經驗，我是真的看到澳洲的教育制度下，教師活潑富創意的教學方式、開放與乾淨的校園環境、政府對於失能學生與資優的學生等的特別照顧、國際化的學校、務實與廣納建言的教改、優質的社區圖書館，以及頗富教育性的動物園與博物館等等。這些特色與建築，均衡的遍佈在全澳洲的各個角落。

當然，從個人的眼光來看，教育永遠有做不完的改革與進步，也實際上也不可能真正的完美均衡，總是會有一些因素，造就出些許的不平等與不完美。

舉例言之，我曾經提及的學區問題，本身就不是教育制度下產生的問題，而是自由經濟發展下的產物，澳洲人民雖然一直仍在抱怨政府做的不夠，教育仍有改進的空間，但一旦與許多其它的國家比較起來，澳洲人往往頗為自豪的認為，澳洲教育還是真的相當優質的。

我還記得在一次在語言學校教書的課堂上，該課程是由政府贊助，免費提供給移民的英語課程，該次上課的主題，是請學生們介紹自己國家的文化與特色。當大家紛紛介紹完上課的主題後，有一位來自A國的學生發起討論澳洲政府當時一些政策的問題，於是大家又開始七嘴八舌的抨擊起澳洲政府的不當措施與愚笨等等。

突然，一位來自B國的學生冒出一句：「其實澳洲政府再怎麼糟糕，也算是有認真在做事啦，比起我的國家，很多地方真的做的不錯啦，至少工程從來沒偷工減料過。」他又接了一句：「教育也辦得很用心了，我們真的感受的出來。」

令我驚訝的事，這兩句話竟然立刻引起大家的共鳴，這些來自十幾個不同國家的學員，異口同聲的表示，與自己的國家相比，澳洲政府在辦理教育等等事項方面，真的相當務實。

因此，當這個南半球的國家，政府把人民視作寶貴的資產，提供人民最優質的教育，才能在國家品牌的評比中，屢屢拔得頭籌，連續三年取得世界第一。■

向「最好」邁進的澳洲課程綱領

澳洲近十年來教育界最大的改革，應該是中央政府的一項計畫，這項計畫預備結束數十年來各州政府在中小學教綱上各自為政的情形，推動全國課程綱領(National Curriculum)的執行。

二〇一〇年三月，澳洲總理陸克文與教育部長公布了全國課程綱領中英語、數學、科學、和歷史等四個課程領域的內容草案，向人民徵詢意見與想法，徵詢的時間長達三個月。

全國課程綱領的發展分為三個階段，第一階段是英語、數學、科學、和歷史這四個課程領域，第二階段是地理、藝術、以及第二外語這三個課程領域，其它的課程領域將於第三階段完成。

全國課程綱領的編寫，由澳洲課程綱領、評鑑與報告當局主導，其中有三分之一的成員是第一線的教師代表，另外三分之二的成員，分別為教育官員及課程綱領編輯顧問，這樣子的陣容，才能確定全國課程綱領，這份往後給全國從幼稚園到十二年級的基礎教育總綱，編寫的內容能清楚、詳細、並且實用。

❑ 向最好邁進

正如同課程綱領、評鑑與報告當局的總負責人麥克高(Barry McGaw)教授所說：「我對澳洲將有一個世界級的課程綱領相當期待，而且也許甚至是世界上最好的課程綱領。」

這個課程鋼領，於二〇〇八年就已經公布四個學習領域的框架，動員全國的力量，廣泛接納了人民的意見，一直到二〇一〇年，也才完成四個學習領域內文的內容草案，開始接受為期三個月的人民建言。此外，這個課程綱領，全國有一百五十個學校參與實驗，以及收集了全國教師與人民廣泛的意見回饋。

澳洲政府對於發展澳洲課程綱領嚴謹的態度，正是要讓學前班到十二年級的澳洲教育，向世界頂尖邁進。

這個綱領與各州現階段各自施行的課程綱領有很大的不同，除了明確的定義出十大綜合能力外，還包含「原住民文化」、「亞洲文化」、以及「持續發展」等三大主題。尤其是涵蓋原住民文化及亞洲文化部分，還曾引發出麥克高教授面對許多歐裔民間團體的質詢，但是仍不能阻止澳洲政府，將多元文化納入其中，打造世界級課程綱領的決心。」

舉個實際的例子，澳洲全國綱領在英語課程學習領域的部分，比起各州所制定的綱領，除了更為全面外，也更強調語法的部分。其目的，正是要補強現行許多澳洲的課程綱領，所教育出的學生，在閱讀及寫作部分仍不足夠的地方。

麥克高教授就曾經提及：「這個綱領，能滿足大多人學習的需要，不論是要學習基本的讀寫，或是理解更進一步的語法，亦或是訓練閱讀複雜文章的能力。」

相比起現行許多的課程綱領，這個初次展露頭角的澳洲全國綱領，不論是在全面性以及深度上，似乎真如澳洲政府所說，將成為世界最頂尖的課程綱領之一。

❑ 行政整合，確保師生權利

澳洲全國鋼領中，每個學科的主體分為兩大部份：第一部份為課程內容，第二部分為達成標準。課程內容，主要是描述學生在該科應該學習的內容，也就是教師應該教授的知識，其中除了許多幫助教師教學的方法以外，還包括了許多協助學生學習的範例。達成標準，則詳細規範了每個年級期待學生達成的標準，以幫助教師評鑑其教學成果。

澳洲政府計劃結束各洲政府各自編寫教學綱領的情形，協調各州政府統一教學大綱，確保教師及學生的權利是原因之一。因應逐年國際化、經濟成長、以及多元民族等等社會原因的改變，教師與學生在州際間的遷移有逐漸增加的趨勢，而在遷徙的過成中，不同的教學綱領的確為教師跨區教學以及學生的轉學間，增加許多行政手續以及不方便，因此，統一教學綱領，的確對上述情形有相當大的助益。

此外，值得一提的是，我曾經在亞洲某個國家的研討會上看到統一教綱的議題討論，部份人士認為統一教學綱領會讓教師失去教學的自由度，這其實是一種誤會。教師的教學方法，不應該因為綱領的改變就會失去「整合教學資源，因材施教以編寫教材」的特色。

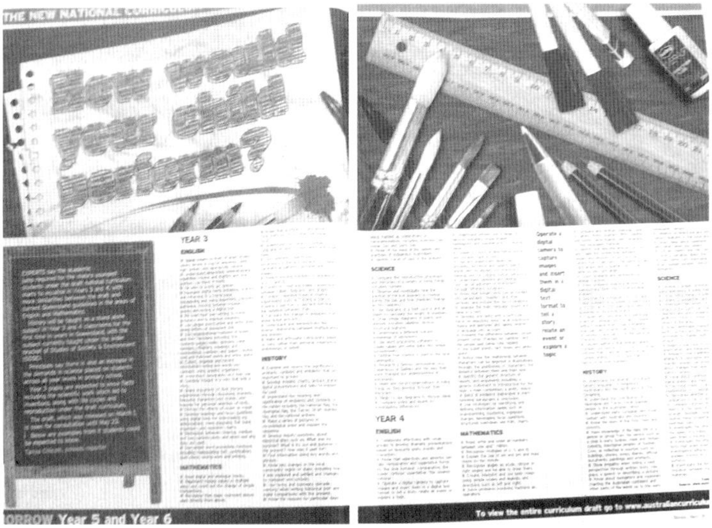

全國課程綱領，在各大報連登六天滿版。

因此，為了確保學生的學習權利，「全國課程綱領」的執行，雖然明確的規範出學生應該學習的內容與評量的標準，但仍為學校與教師提供了相當大的自由度。

教育部長吉拉得表示，二〇一三年「全國課程綱領」的順利推行，將為每年跨州轉學的八萬多名學童，解決因教綱不同而產生的學習困擾。

❑ 執行確實，廣納建言

澳洲的社會，有一項很大的特色，就是在許多政策的推行上，政府與民間往往都能衷誠合作，互補不足。因此很多政策的推動與執行，儘管過程歷經許多風雨，最後也都能排除萬難，順利的推動與執行。

這樣的特色，不但是因為全民對於這個土地能一致的愛惜，以及政府本身務實改革的態度外，政府本身在政策的推廣間，能善用各種媒體，將政府的所作所為，清清楚楚的公佈，並廣為宣傳外，還能廣開溝通管道，確實聽取人民諫言。這樣子的作法，是政策推行順利，政府與人民合作無間的主因之一。

二〇一〇年三月，從三月二十九日開始，整整七天的時間，政府在每天的報紙上公布全國課程綱領中英語、數學、科學、和歷史等四個課程領域的內容草案，從學前班開始，到十二年級結束，每天二至三個版面，將全國課程綱領的最新內容，完整的呈現在國民面前，並為全國課程綱領於網站(*www.australiancurriculum.edu.au*)上開通徵求意見的管道，人民可以很容易的在網上留下想法與建言。同時，在全國各地開始舉辦諮詢會與研討會，真正作到廣訥人民建言與專家意見。「教育是澳洲的未來」，在這次綱領的修訂過程中，再一次完美的落實。

澳洲的全國課程綱領，就是在政府務實的主導下，廣納各方意見，不斷的評估與檢討，一步又一步的邁向「世界上最好的課程綱領」。■

社會福利與教育是創意的基石

先生傑若米朋友的長子凱恩二〇〇一年於大學畢業後，隨之與相戀多年的女友貝拉(Bella)結婚，二〇〇六年貝拉產下一女，於是辭掉工作專心在家照顧小孩。

凱恩原本在資訊顧問公司工作，因為工作的關係，必須住在墨爾本。

二〇〇九年全球金融海嘯，在美商資訊公司服務的凱恩遭到裁員。遭到裁撤後的凱恩並不緊張，反而回到布里斯本，趁機在家陪伴妻子與剛滿兩歲的女兒安娜，享受難得的天倫之樂。

原先在女兒安娜出生後，政府已經發給凱恩一筆澳幣四千五百元的育兒津貼外，除此之外，凱恩的家庭還能領取到政府每週提供的家庭津貼以及租屋津貼兩種不同的津貼。但因為凱恩本身的年薪所得還算不錯，因此政府提供的津貼金額不高，凱恩的家庭也並不重視這些似乎可有可無的社會福利。但一直到凱恩失業後，整個家庭才發現這些津貼的重要性。

在這段失業的期間裡，不但家庭津貼與父母照顧津貼因為凱恩的失業得以提高，凱恩還能另外領取一筆每週兩百多澳幣的新開始津貼，以及貝拉因為育兒才能領取的父母照顧津貼。這段時間，所有的津貼加總起來，凱恩一家庭每週可以領取到的津貼大約是澳幣六百多元，將近每月台幣六萬元左右。對於不菸不酒的凱恩與貝拉，這筆錢勉強能負擔一家大小的生計了。

此外，因為氣候的問題，貝拉與凱恩不喜歡墨爾本，於是凱恩與貝拉開始思考回到布里斯本工作以及轉業的可能性，於是凱恩向政府申請，在政府與技職學院合作的一系列的職業訓練課程中，選擇了一個凱恩之前想要嘗試卻又躊躇不前的課程，而且所有職訓的費用，全由政府負擔。

失業，並沒有帶給凱恩一家人太大的衝擊，反而給了凱恩一個難得享受天倫之樂的機會，以及開始新生活的準備。

在澳洲，上述的例子並不特殊。兩千一百萬個澳洲人，從出生起，就開始領取澳洲政府發放的各種福利津貼。與此同時，每個澳洲人從幼稚園開始，歷經小學、中學、技職學校、大學、碩士、博士班、乃至於工作後的各種技職訓練，全部與澳洲的社會福利脫離不了關係。「社會福利」以及「教育訓練」兩個緊握的環節，交錯相替打造出澳洲安定的學習環境。

六個月大到五歲孩子就讀幼稚園，政府會依家庭收入的不同補助不同的學費。但是並不是收入低的家庭，政府就完全補足，低收入家庭的父母必須滿足政府的要求，或是每週至少工作固定的時數，或是回到學校上課，亦或是參與政府舉辦一系列的職訓課程，才能領到全額的幼稚園補助或是相關津貼。這說明了澳洲的社會福利，雖然是秉持著「照顧好每一個國民」的精神而生，但**絕不是任由國民予取予求，而是務實的將全民繳稅的資源，用在最需要用的地方。**

此外，進入小學及中學後，除了州立學校學費全免，從孩子出生就開始發給的家庭津貼，會由政府一直提供到孩子十六歲為止。而孩子成年後，繼續就學的孩子們可以申請青年津貼，而開始工作的青年，則由上述凱恩領取的新開始津貼做後盾。除了這些基本的項目外，其它因為生病、失能、就學、緊急事故等等原因所產生的各種津貼，與其它社會政策及制度交相貫穿，連成一個綿密的社會福利網。

澳洲一系列的社會福利津貼，主要是由三個不同的部門管理，分別是管理醫療方面的Medicare、管理家庭及幼稚園津貼方面的Family Assistance Office、以及職業，失能，職業教育方面的Centerlink。令人玩味的是，為了提高政府組織工作效率，澳洲政府推行的「社會福利聯合辦公政策」，目標是要將上述三個部門的電腦網絡財政、物產管理、採購和人力資源聯合在一起，因此常讓許多新移民及澳洲本地人誤以為這三個組織為同一個部門，其實不然。

當然，並不是所有的學者都贊成澳洲維持如此良好的社會福利，「過於良好的社會福利會不會讓澳洲的青少年玩物喪志，疏於工作？」這個議題，不但是許多會福利國家一直在避免的問題，同時也是澳洲政府一直在積極處理面對的議題，因此，在許多津貼裡，埋下鼓勵就業的因子，是一個非常好的作法。低收入家庭的父母必須積極就業或是參與就職訓練，才能領取全額幼稚園補助，此作法就是許多設計良好的例子之一。

良好的福利制度與教育環境，同樣是澳洲在各項評比引以為傲的重點。在ＩＭＤ針對全球五十七個國家所作的國家發展潛力測試，澳洲在社會評比項目裡居全球第三，只略低於新加坡與丹麥。二〇〇六年到二〇〇八年的國家品牌評比，澳洲連續三年獨占世界鰲頭，其中友善的人民、安定的社會、以及優秀的教育就是澳洲取得世界第一的重點。

不只是評比優異，社會福利結合彈性教育為澳洲帶來的實質效益一樣驚人，從一九九〇年到二〇〇九年為止，澳洲成為一個連續十八年經濟正成長的國家，成長幅度居所有發達國家之冠。而累積到二〇〇九年為止，這個兩千一百萬人口的國家已經產生了十一個諾貝爾獎得主，更別提其他大大小小的創新與發明。

「好的社會福利減低了人民變動的焦慮，而彈性的教育制度提供人民改變的機會。」澳洲社會上許多大膽的創意與改變，良好的社會福利就是堅強的後盾，讓人民敢於大膽的改變，不至於因為改變而餓肚子。而彈性的教育系統就是敲開創意的大門，「澳大利亞學歷框架」的推行以及政府與技職學院合作的職業訓練課程，提供了澳大利亞人獲取知識的機會。

在澳洲，創意與改變，不需要餓肚子。■

教育必須面對的問題

二〇〇九年，由澳華合資，在雪梨及墨爾本擁有四所私立學院的全球校園管理集團（Global Campus Management Group），於十一月五日宣佈進入自願管理破產程序，影響到三千多名學生的權益。

其實，私校倒閉的問題，早在二〇〇八年時，就已經在澳洲的教育界初現端倪。二〇〇八年，澳洲最大的私立幼稚園集團ABC Learning 宣佈倒閉，掀起社會一片嘩然。因為該集團不只是澳洲最大的幼教機構，佔有澳洲幼教產業三分之一的版圖，同時也是世界最大的幼教集團，不但是股票上市公司，所擁有的幼稚園，遍及紐西蘭、英國、以及美國。

不管是幼稚園或是學院，私校倒閉的問題，澳洲人得開始反思，在自由市場與教學品質之間的競合中，是不是仍有進步的空間與需要改進的地方。

對於私校倒閉的問題，我感同身受，因為我自己本身，就曾經在ABC Learning集團工作過，了解該集團的運作模式。此外，因為我有語言教師的執照，因此在澳洲的十多年，已經有好幾次開設學院的機會，雖然最後都不了了之，但對於私立學院的運作與籌措，我自己本身有些粗淺的涉獵。

不管是從ABC離職，或是合夥開辦學院的破局，原因無它，堅持教學品質的理念與廣收學生之間的賽局，兩者始終無法達成一個平衡而已。

在澳洲，我看過許多倒閉的學校，以及搖搖欲墜的私校，原本教學品質優良，但因為過度的擴張，或是錯誤的金融投資，而衍生出許多問題。過度的擴張，造成教師素質的參差不齊，而錯誤的金融投資導致學校財務失衡。

澳洲政府對於澳洲學校的私有化，其來有自，其中主要的原因之一，是為了面對日趨國際化的世界，必須引導境內的教育朝向多元化發展，因此鼓勵各教育單位發展特色，是教育私有化的重點之一。澳洲的教育政策，由社會福利的導向，逐漸步向自由經濟的競爭趨勢。因此，教育市場中，自由競爭與監管的平衡，一直是澳洲教育長久在努力的問題。

移民所帶來的多元文化的衝擊，也是澳洲教育長久以來一直在面對的問題。多元文化的對澳洲的影響，從幼兒教育開始，一直影響到整個社會。

在幼兒教育與中小學教育中，站在教育第一線的教師首當其衝，不論是教學綱領的發展、教學模式的設計、亦或是學校行政的流程，都必須將多元文化的因素考慮進去。舉例來說，語言問題就是最基本的問題，雖然是同一個班級，往往出現語言能力差異頗大，讓教師必須針對特定的學生，另外設計不同的教學活動。

職業教育與高等教育，與移民政策連動最深。教育結合移民政策，替澳洲帶來大量移民的同時，也帶來大量的資金與人才。然而，澳洲優質的生活環境，讓許多移民往往是因為移民而選擇教育，而不是因為本身選擇的教育方向而移民。本末倒置的選擇，顛覆了技術移民的本質，也讓政府的統計失去了準則，更嚴重的造成澳洲境內產業人才的失調。

二〇一〇年初，為了矯正這個逐漸失衡的平台，澳洲政府大幅修定移民職業的緊缺名單，突然的修正讓許多為了移民而教育的留學生放棄了手上的學業，造成一波的「退學潮」與「轉學潮」，雷厲風行的執行，顯示出澳洲政府決議改革的態度。

然而，最大的衝擊還不僅僅於此，二〇一〇年一月二號，墨爾本發生一名印度學生遭殺害案件，被印度媒體指責為澳洲的種族主義作祟，但澳洲政府則堅持，該事件只是單純的暴力事件，兩方各有說法。

其實，不管兩方說法如何，澳洲多元民族的現況，的確讓澳洲政府在面對許多問題時，都必須更戰戰兢兢，也更小心謹慎。因為過去澳洲給人的刻板印象，即使已過去了數十年，但絕對不是那麼容易的，就能從人心裡抹去。更甭提在許多良好制度下，仍不可蔭蔽的基層社會中，一定存在的種族隔閡問題。

其實不同民族之間的隔閡問題，在許多國家也都會有，甚至在許多看不見的地方，情形會更嚴重。華人常說的「人不親，土親」，土親之情，因為生活習慣、飲食文化、發音腔調的相同，在人與人互動間引起的共鳴，自然而然聚成一個團體，應該是人類的天性。

因此，種族問題，往往變成一件最難釐清的事件，像是千絲百繞的線團，理也理不清楚。

但是在澳洲，國家的政策既然朝多元民族的方向發展，許多「不是種族問題的種族問題」的發生，絕對是必然的結果，也是澳洲政府必須持續面對的問題。而教育本身，往往是解決這些問題最務實的方法，也是最長久之計。■

顛覆澳洲

「澳洲，喔，那不是專門養牛的國家嗎？去那念資訊好嗎？」

「澳洲，那邊種族歧視很嚴重吧？聽說以前實施白澳政策ㄟ。」

「喔，我去過ㄟ，首都是不是雪梨啊？」咖啡店裡，趁著與老公傑若米的朋友聚餐的時候，大家接二連三的問著。

「不只是養牛啦，澳洲有許多產業也發展的不錯啊。資訊產業感覺也蠻發達的，至少我出門很少帶現金的，銀行的系統幾乎都能普及到消費端了。」

「種族歧視，不敢說完全消擬！但真的改變很多了，誠實的說，我覺得回來遇到的歧視也不少啊。」我一個問題接著一個問題的回答著。

卻是在回到台灣後，透過許多替家長與親友回答問題的機會，我才猛地發現，這十幾年來所居住的地方，改變是如此的顯著，進步之大，反而讓我感覺到些許的陌生。曾幾何時，這個遙遠的南國，曾經是英國流放罪犯的地區，也是種族歧視強烈的國家，更常給人只會養養牛羊的印象。但十幾年來，卻在各個著名領域，在世界大放異彩，令人驚艷。

以合格外籍老師的身分返台任教，難免會遇到許多親友詢問留學的問題，說實話，除了教育領域，其他行業的領域，我真的涉入未多，因此總是戰戰兢兢，不敢輕易回答別人的問題。甚至是教育領域，越深入教學與行政，才越覺得所學不足，因此，每當遇到親友與家長的詢問時，我仍總是要再三求證，才會將尋到的資料與之分享，深怕資訊不對，影響到家長們所做的決策。

我整理歸納了許多澳洲在各個領域的特色：

1、**工礦產業**。澳洲是世界第九大工業國，更是一個礦產資源豐富的國家，探名儲量的礦產超過七十種。不但是世界上最大的煙煤、鋁土、鑽石、鉛、及精礦等的出口國，第二大氧化鋁、鐵礦石、鈾礦等出口國，也是世界第三大的鋁和黃金的出口國。因此，工礦產業方面以礦業為主，製造業及建築業次之。

2、**澳洲農牧業相當發達**。有「騎在羊背上的國家」之稱，是世界上最大的羊毛和牛肉出口國。農牧業用地四點五六億公頃，占全部國土面積的百分之五十九。漁業資源也相當豐富，是世界上第三大捕魚區，有超過三千種海水和淡水的魚種以及三千多種甲殼及軟體類水產品。

3、**服務產業**。雖然自然資源得天獨厚，澳洲並未獨厚該產業發展，反而是以其為本，大力開發低污染性的服務產業，企圖打造國民優質與安定的生活空間。

4、**旅遊業**。對於一個礦業大國，總讓人聯想到煙囪、廢水、與汙染，然而，這個以工礦業著名的國家，卻同時以旅遊業聞名於世。旅遊業是澳洲服務業的翹楚，二〇〇七年僅就國外旅客在澳洲的消費額，就達二百三十億澳幣(約六千四百多億新台幣)。此外，藉著對澳洲天然資源的環境保育，結合傳統歐洲的文化、建築風格、社會福利、醫療教育等等因素，澳洲政府不但將澳洲打造成旅遊者的天堂，同是也成為世人理想的居住地方。二〇一〇年二月由「經濟學人資訊社」公佈的「全球最適合居住的都市」，前十名最適合居住的城市，澳洲佔了四個名額，是全球前十名入榜最多的國家。

5、**教育**。不但是前項評比中的五大指標，也是澳洲服務產業的新星。秉持著「教育是國家的未來」的宗旨，數十年來澳洲的教改，是無時無刻的持續進行，開創出國家的未來，也帶來許多外匯收入。教育要能吸引國際學生前往，教育品質是最重要的因素。澳洲境內有超過四分之一的大學名列世界兩百大名校，平均素質驚豔全球；中小學生在世界PISA的競賽裏，尤其在科學與數學領域，在英語系國家裡始終名列前茅；職業教育的水準也是相當出色，百分之七十的澳洲高中畢業生會選擇進入職校就讀，同時，澳洲政府也公開承認，職業教育興盛是促進澳洲經濟發達，百業平等的推手之一；澳洲的幼稚園教育，以遊戲導引孩子們學習的教學框架，廣受亞洲許多國家學習。平均且優質的教育產業，在二〇〇八年替澳洲帶入一百六十六億(約四千六百多億新台幣)的外銷收入。

6、**金融業**。另外，服務產業中，澳洲的金融產業同樣令世界驚豔。澳洲的金融產業，長期以來，因為英美兩大國的光環，並未受世人矚目。然而，二〇〇七年由美國開始散播各地的金融海嘯，突顯出澳洲在金融與經濟穩健方面的成就。二〇〇八年七月，標準普爾指數超過兩個A的銀行只剩八家，而澳洲的四大銀行，就佔了二分之一。

7、**創新與科技產業**。澳洲的成就同樣舉世驚艷。人口兩千一百萬的澳洲，產生了十一位諾貝爾獎得主；二〇〇六年菲爾茨獎(Fields Medals)的四名得主之一，就有一名是澳洲人；二〇〇七年馬爾科姆．邁金托斯年度物理學家獎（Malcolm McIntosh Prize）的得主是澳洲的馬克．卡塞迪（Mark Cassidy）教授；因為熱帶病學方面的研究成果，二〇〇五年由馬來西亞科學院（Academy of Sciences Malaysia）頒發首屆科學卓越獎（Award for Scientific Excellence）的澳洲科學家約翰．麥肯茲（John Mackenzie）等等。

許多我們從小至今耳熟能詳，舉世聞名，卻偏偏與生活息息相關的研究與發明，如盤尼西林、人工電子耳、超音波掃瞄儀、人工心臟、太陽能電池、治療胃炎及消化性潰瘍的胃藥、首批治療流感的藥物、預防及治療子宮頸癌的疫苗等等，皆是由澳洲創新與研發，才同步在美國或世界各地上市。

此外，二〇〇五年由澳洲新南威爾斯大學博士班學生發展出的演算法，受到世界三大搜尋引擎公司的谷歌（Google），微軟（Microsoft），及雅虎（Yahoo）重視，展開競標，最後由谷歌勝出，標得該演算法的所有權。澳洲在資訊科技方面的研發能力，比起許多科技大國也不遑多讓。

其實，我必須誠實的說，儘管在澳洲待了十幾年，其實我自己也從來沒想到，這個在百年以前還是英國流放罪犯的集中地，以種族歧視與飼養牛羊聞名於世的國家，會在今日展現出如此傲人的成果，在各個領域屢屢讓世人驚艷。這些成果，是澳洲政府在各個領域與教育的務實投資，以及人民與政府的衷誠合作，讓這個偏處南半球的國家，顛覆了北半球對其往日刻板的印象。■

學術就是精英？

我曾經在其他的文章略為提到，在澳洲的昆士蘭州，有一所由政府與三所優質大學合作打造的高中，相當適合有志於朝向科技、醫學及生物、創造與藝術表演三大學術領域的高中生就讀，這所高中依未來專長分為三個校區，分別對應於三所各具特色的大學，各自對應於科技、醫學及生物、以及藝術創造等三個學術領域，提供在這些領域方面特別具有天份的Gifted Student(具有上帝恩賜的學生)就讀，這所學校的名稱為Queensland Academies(昆士蘭學術高中)。

二零一零年，我和先生傑若米在Google(谷歌)網站上搜尋這所學校的資訊，為台灣一位計畫來澳留學的友人小孩收集該校的相關資訊，在琳蘭滿目　的中文翻譯網站介紹裏，我看到許多的文章，將Queensland Academies翻譯成昆士蘭精英學校。此外，在許多探討教育或是介紹外國學校的文章裏，我也看到Academy這個字，在華人的文章裏，隱含著精英(Elite)的意思。

這也許只是語言翻譯上的小插曲，但對我而言，卻完全反應出中西文化上對職業平等及教育理念上顯著的不同。

如果「學術(Academy)等於精英(Elite)」的理念真的是正確的，那麼其他的職業領域怎麼辦？是可有可無？或是根本就不需要存在？

坦然言之，在澳洲社會裏，普遍來說並不會有「學術等於精英」的想法，這一點，可以從以下兩點看出端倪：

首先，以在人學(Uuiversity)或是學院(College)任教的人才來說，在澳洲高等教育任教的人才，普遍有兩種任用管道，第一種是取得博士學位，對該科領域有深入研究的人才，這點和台灣等地的大學，任用標準是相同的，就是走學術路線。而第二種晉用管道，是在該種產業有多年經驗的人才，這種人才的晉用，對於學歷的要求相對較低，通常是著重在人才的職業經驗與經歷，屬於實務路線。

舉例來說，澳洲的航空學校，在世界上具有相當的知名度，亞洲地區許多國家的機師訓練，大多都是在澳洲的航空學校裏培訓出來。而在航空學校中任教的人才，除了許多航太產業的博士外，從世界各地聘用過來的機師與維修工程師不在少數，這些機師與維修工程師，最高學歷最高是碩士學位。畢竟，航空博士不見得就了解如何操作維修飛機的機具。

除此之外，澳洲各個高等學府的科系普遍存在著這種理論與實務並重的情形。幼教博士不見得懂幼稚園的經營管理實務；機械博士不見得懂得如何維修車子引擎；資訊博士不見的就能組裝自己的電腦；在特定學術上有極高的成就不見得就懂得教育改革，這種「術業有專攻」觀念，在高等教育及職業教育中落實得相當紮實。

其次，澳洲社會裏，普遍對於各行各業的授薪水準與工作環境，反應出對各行業的尊重。不論是從事焊接工作的焊接工、拼磁磚的地板工、從事清潔的清潔工、鋪設水泥的水泥工、以及冷凍工廠中操作機械切割的「屠夫」，在昆士蘭州的時薪往往都能超過一般市面上的文職人員。

更令人敬佩的是，這些在許多亞洲人眼中，應該是烏煙瘴氣的黑手工作，或是血淋淋的分解工作，在澳洲社會裏，大都能被打理的井然有序，乾乾淨淨，雖不免有工作上的骯髒或血腥，但都能盡其所能的維護乾淨，充分表示出對自己職業的尊重與專業。

當然，學術不等於精英，並不代表澳洲的社會裏，矯揉做作的不崇尚精英，一味的要求齊頭式的平等。反之，澳洲人與華人沒什麼不同，社會上的男男女女，相當崇拜精英，只是這些社會上的精英份子，普遍的分散在各個產業，共同支撐起澳洲這個兩千一百萬人口的社會。

什麼是澳洲人眼中的精英呢？二零一零年的六月，當我在一個從事焊接工作的朋友家裏一邊吃著燒烤，一邊拋出這個問題時，從與他的談話中得到這個解答。

「尊重自己職業的人就是精英」，這位朋友充滿信心的說著。

「只要你能尊重自己的職業，有正確的職業態度，你自然就會成為那個行業的精英。」他又信心滿滿的補上了這些話。這位朋友的確是焊接產業的人才，已有十年焊接經驗的他，專長是船板焊接，目前正在修習半年制的教育學分，計畫明年到TAFE任教焊接課程。

是啊，尊重自己的職業的人就是精英，因此，當人們能夠平等的看待各種職業，對於特定的職業不會有歧視或尊榮的有色眼光，進而在自己有興趣的產業上專心一志，政府與教育制度也能提供適當的學習與工作環境，這不就是「職業無貴賤，術業有專工」最好的寫照嗎。

原來，只要態度正確，尊重自己的行業，各行各業都存在著「精英」。■

沒有教科書：
給孩子無限可能的澳洲教育

作　　者｜李曉雯、許雲傑
總 編 輯｜陳郁馨
編　　輯｜李欣蓉
設　　計｜東喜設計工作室
行銷企劃｜童敏瑋
社　　長｜郭重興
發行人兼出版總監｜曾大福
出　　版｜木馬文化事業股份有限公司
發　　行｜遠足文化事業股份有限公司
地　　址｜231 台北縣新店市民權路 108-3 號 8 樓
電　　話｜(02)22181417
傳　　真｜(02)22188057
E-mail｜service@bookrep.com.tw
郵撥帳號｜19588272 木馬文化事業股份有限公司
客服專線｜0800221029
法律顧問｜華陽國際專利商標事務所　蘇文生律師
印　　刷｜成陽印刷股份有限公司
二　　版｜2016 年 06 月
定　　價｜340 元
P48, P49, P69 圖片｜OTTO WANG

沒有教科書：給孩子無限可能的澳洲教育
/ 李曉雯，許雲傑著．-- 二版．-- 新北市：
木馬文化出版：遠足文化發行，2016.06
面；　公分
ISBN ISBN 978-986-359-259-4(平裝)
1. 教育制度 2. 教育改革 3. 澳大利亞
520.971　　　　105008506

木馬文化讀者意見卡

◎感謝您購買＿＿＿＿＿＿＿＿＿＿＿＿＿＿＿＿＿＿＿＿〈請填寫書名〉
為了給您更多的讀書樂趣，請費心填妥以下資料直接郵遞（免貼郵票），即可成為木馬文化的貴賓。

姓名：＿＿＿＿＿＿＿＿＿＿ □男 □女
出生日期：＿＿年＿＿月＿＿日 E-mail：＿＿＿＿＿＿＿＿＿＿
電話：（O）＿＿＿＿＿＿（H）＿＿＿＿＿＿ 傳真：＿＿＿＿＿＿
地址：＿＿＿＿＿＿＿＿＿＿＿＿＿＿＿＿＿＿＿＿＿＿＿＿
學歷：□國中（含以下） □高中/職 □大學/專 □研究所以上
職業：□學生 □生產/製造 □金融/商業 □傳播/廣告 □公務/軍人
□教育/文化 □旅遊/運輸 □醫療/保健 □仲介/服務 □自由/家管

◆您如何購得本書：□郵購 □書店＿＿＿＿＿縣（市）＿＿＿＿＿＿書店
□業務員推銷 □其他＿＿＿＿＿＿＿＿＿＿＿＿

◆您如何知道本書：□書店 □木馬電子報 □廣告DM □媒體 □親友介紹
□業務員推薦 □其他＿＿＿＿＿＿＿＿＿＿＿＿

◆您通常以何種方式購書（可複選）：□逛書店 □郵購 □信用卡傳真
□網路 □其他＿＿＿＿＿＿＿＿＿

◆您對於本書評價（請填代號：1.非常滿意 2.滿意 3.尚可 4.待改進）：
□定價 □內容 □版面編排 □印刷 □整體評價

◆您喜歡的圖書：□百科 □藝術 □文學 □宗教哲學 □休閒旅遊
□歷史 □傳記 □社會科學 □自然科學 □民俗采風
□建築 □生活品味 □戲劇、舞蹈 □其他＿＿＿＿＿＿

◆您對本書或本公司的建議：＿＿＿＿＿＿＿＿＿＿＿＿＿＿＿＿＿＿

＿＿＿＿＿＿＿＿＿＿＿＿＿＿＿＿＿＿＿＿＿＿＿＿＿＿＿＿＿＿

＿＿＿＿＿＿＿＿＿＿＿＿＿＿＿＿＿＿＿＿＿＿＿＿＿＿＿＿＿＿